합격을 결정짓는 진짜 요약서

박문각

KB089514

박문각 공인중개사 최종요약서

이론 총정리 ⊕ 족집게 문제

부동산공법

이석규

제1장 국토의 계획 및 이용에 관한 법률

POINT 1 광역도시계획

의 의	'광역도시계획'이라 함은 이미 지정된 광역계획권의 장기발전방향을 제시하는 계획	
내 용	① 광역계획권의 공간구조와 기능분담에 관한 사항 ③ 광역시설의 배치·규모·설치에 관한 사항	② 광역계획권의 녹지관리체계와 환경보전에 관한 사항 ④ 경관계획에 관한 사항
광역 계획권	**지정대상** 광역계획권은 인접한 둘 이상의 특별시·광역시·특별자치시·특별자치도·시 또는 군의 관할 구역의 전부 또는 일부	
	지정권자 ① 광역계획권이 둘 이상의 특별시·광역시·특별자치시·도 또는 특별자치도(이하 '시·도'라 한다)의 관할 구역에 걸쳐 있는 경우: 국토교통부장관이 지정 ② 광역계획권이 도의 관할 구역에 속하여 있는 경우: 도지사가 지정	
	지정절차 ① 국토교통부장관은 광역계획권을 지정하거나 변경하려면 관계 시·도지사, 시장 또는 군수의 의견을 들은 후 중앙도시계획위원회의 심의를 거침 ② 도지사가 광역계획권을 지정하거나 변경하려면 관계 중앙행정기관의 장, 관계 시·도지사, 시장 또는 군수의 의견을 들은 후 지방도시계획위원회의 심의를 거침	
	지정요청 중앙행정기관의 장, 시·도지사, 시장 또는 군수는 국토교통부장관이나 도지사에게 광역계획권의 지정 또는 변경을 요청할 수 있다.	
수립 권자	① 광역계획권이 같은 도의 관할 구역에 속하여 있는 경우: 관할 시장 또는 군수가 공동으로 수립 ⇨ 도지사의 승인 ② 광역계획권이 둘 이상의 시·도의 관할 구역에 걸쳐 있는 경우: 관할 시·도지사가 공동으로 수립 ⇨ 국토교통부장관의 승인. 다만, 시장 또는 군수가 협의를 거쳐 요청하여 단독으로 도지사가 수립하는 광역도시계획은 승인받지 않음! ③ 광역계획권을 지정한 날부터 3년이 지날 때까지 관할 시장 또는 군수로부터 광역도시계획의 승인 신청이 없는 경우: 관할 도지사가 수립 ④ 국가계획과 관련된 광역도시계획의 수립이 필요한 경우나 광역계획권을 지정한 날부터 3년이 지날 때까지 관할 시·도지사로부터 광역도시계획의 승인 신청이 없는 경우: 국토교통부장관이 수립 🔒 예외적 공동수립 　① 국토교통부장관은 시·도지사가 요청하는 경우와 그 밖에 필요하다고 인정되는 경우에는 관할 시·도지사와 공동으로 광역도시계획을 수립할 수 있다. 　② 도지사는 시장 또는 군수가 요청하는 경우와 그 밖에 필요하다고 인정하는 경우에는 관할 시장 또는 군수와 공동으로 광역도시계획을 수립할 수 있으며, 시장 또는 군수가 협의를 거쳐 요청하는 경우에는 단독으로 광역도시계획을 수립할 수 있다(이 경우 도지사는 국토교통부장관의 승인을 받지 않음).		
수립 기준	국토교통부장관은 광역도시계획의 수립기준을 정할 때에는 다음의 사항을 종합적으로 고려하여야 한다. ① 광역계획권의 미래상과 이를 실현할 수 있는 체계화된 전략을 제시하고 국토종합계획 등과 서로 연계되도록 할 것 ② 특별시·광역시·특별자치시·특별자치도·시 또는 군간의 기능분담, 도시의 무질서한 확산방지, 환경보전, 광역시설의 합리적 배치 그 밖에 광역계획권안에서 현안사항이 되고 있는 특정부문 위주로 수립할 수 있도록 할 것 ③ 여건변화에 탄력적으로 대응할 수 있도록 포괄적이고 개략적으로 수립하도록 하되, 특정부문 위주로 수립하는 경우에는 도시·군기본계획이나 도시·군관리계획에 명확한 지침을 제시할 수 있도록 구체적으로 수립하도록 할 것 ④ 녹지축·생태계·산림·경관 등 양호한 자연환경과 우량농지, 보전목적의 용도지역, 문화재 및 역사문화환경 등을 충분히 고려하여 수립하도록 할 것 ⑤ 부문별 계획은 서로 연계되도록 할 것		

수립 절차	기초조사	① 광역도시계획을 수립 또는 이를 변경하고자 하는 때에는 미리 인구·경제·사회·문화 등 그 밖에 광역도시계획의 수립에 필요한 사항 등 그 광역도시계획의 수립 또는 변경에 관하여 필요한 사항을 조사하거나 측량하여야 한다. ② 광역도시계획의 수립권자는 효율적인 조사 또는 측량을 위하여 필요한 경우에는 조사 또는 측량을 전문기관에 의뢰할 수 있다. ③ 광역도시계획의 수립권자가 기초조사를 실시한 경우에는 해당 정보를 체계적으로 관리하고 효율적으로 활용하기 위하여 기초조사정보체계를 구축·운영하여야 한다. ④ 광역도시계획의 수립권자가 위 ③에 따라 기초조사정보체계를 구축한 경우에는 등록된 정보의 현황을 5년마다 확인하고 변동사항을 반영하여야 한다.
	공청회	① 광역도시계획을 수립 또는 이를 변경하고자 하는 때에는 미리 공청회를 열어 주민 및 관계전문가 등으로부터 의견을 들어야 하며, 공청회에서 제시된 의견이 타당하다고 인정하는 때에는 이를 광역도시계획에 반영하여야 한다. ② 공청회를 개최하려면 공청회의 개최목적, 공청회의 개최예정 일시 및 장소 등의 사항을 해당 광역계획권에 속하는 특별시·광역시·특별자치시·특별자치도·시 또는 군의 지역을 주된 보급지역으로 하는 일간신문, 관보, 공보, 인터넷홈페이지에 공청회 개최예정일 14일 전까지 1회 이상 공고하여야 한다.
	의견청취 (지방의회 및 자치단체)	시·도지사, 시장 또는 군수는 광역도시계획을 수립하거나 변경하려면 미리 관계 시·도, 시 또는 군의 의회와 관계 시장 또는 군수의 의견 청취 (30일 이내 의견제시)
	승인 — 국토교통부 장관의 승인	🔒 시·도지사는 광역도시계획을 수립하거나 변경하려면 일정한 서류를 첨부하여 국토교통부장관의 승인을 얻어야 한다. 다만, 시장 또는 군수가 협의를 거쳐 요청하여 단독으로 도지사가 수립하는 광역도시계획은 승인받지 않음! ㉠ 국토교통부장관은 광역도시계획을 승인하거나 직접 광역도시계획을 수립 또는 변경하고자 하는 때(공동으로 수립하는 때를 포함한다)에는 관계 중앙행정기관의 장과 협의(30일 이내에 의견제시)한 후 중앙도시계획위원회의 심의를 거쳐야 한다. ㉡ 국토교통부장관은 직접 광역도시계획을 수립 또는 변경하거나 광역도시계획을 승인한 때에는 관계 중앙행정기관의 장과 시·도지사에게 관계 서류를 송부하여야 하며, 관계 서류를 송부받은 시·도지사는 해당 시·도의 공보와 인터넷홈페이지에 게재하여 이를 공고하고 일반이 30일 이상 열람할 수 있도록 하여야 한다.
	승인 — 도지사의 승인	🔒 시장 또는 군수는 광역도시계획을 수립하거나 변경하려면 도지사의 승인을 받아야 한다.
	협의 불가능시 조정신청	① 광역도시계획을 공동으로 수립하는 시·도지사는 그 내용에 관하여 서로 협의가 되지 아니하면 공동이나 단독으로 국토교통부장관에게 조정을 신청할 수 있다. ② 국토교통부장관은 단독으로 조정신청을 받은 경우에는 기한을 정하여 당사자 간에 다시 협의를 하도록 권고할 수 있으며, 기한 내 협의가 이루어지지 아니하는 경우에는 이를 직접 조정할 수 있다. ③ 광역도시계획을 수립하는 자는 조정결과를 광역도시계획에 반영하여야 한다.
타당성 검토		타당성 검토 주기가 규정된 바 없음!

01 국토의 계획 및 이용에 관한 법령상 광역계획권에 관한 설명으로 옳은 것은?

① 광역계획권이 둘 이상의 도의 관할 구역에 걸쳐 있는 경우, 해당 도지사들은 공동으로 광역계획권을 지정하여야 한다.

② 광역계획권이 하나의 도의 관할 구역에 속하여 있는 경우, 도지사는 국토교통부장관과 공동으로 광역계획권을 지정 또는 변경하여야 한다.

③ 도지사가 광역계획권을 지정하려면 관계 중앙행정기관의 장의 의견을 들은 후 중앙도시계획위원회의 심의를 거쳐야 한다.

④ 국토교통부장관이 광역계획권을 변경하려면 관계 시·도지사, 시장 또는 군수의 의견을 들은 후 지방도시계획위원회의 심의를 거쳐야 한다.

⑤ 중앙행정기관의 장, 시·도지사, 시장 또는 군수는 국토교통부장관이나 도지사에게 광역계획권의 지정 또는 변경을 요청할 수 있다.

02 국토의 계획 및 이용에 관한 법령상 광역도시계획에 관한 설명으로 틀린 것은?

① 광역도시계획의 수립기준은 국토교통부장관이 정한다.

② 광역계획권이 같은 도의 관할 구역에 속하여 있는 경우 관할 도지사가 광역도시계획을 수립하여야 한다.

③ 시·도지사, 시장 또는 군수는 광역도시계획을 수립하거나 변경하려면 미리 관계 시·도, 시 또는 군의 의회와 관계 시장 또는 군수의 의견을 들어야 한다.

④ 시장 또는 군수가 기초조사정보체계를 구축한 경우에는 등록된 정보의 현황을 5년마다 확인하고 변동사항을 반영하여야 한다.

⑤ 광역계획권을 지정한 날부터 3년이 지날 때까지 관할 시장 또는 군수로부터 광역도시계획의 승인 신청이 없는 경우 관할 도지사가 광역도시계획을 수립하여야 한다.

POINT 2 도시·군기본계획

의의	특별시·광역시·특별자치시·특별자치도·시 또는 군의 관할 구역에 대하여 기본적인 공간구조와 장기발전방향을 제시하는 종합계획으로서 도시·군관리계획 수립의 지침이 되는 계획	
내용	① 지역적 특성 및 계획의 방향·목표에 관한 사항 ③ 토지의 이용 및 개발에 관한 사항 ⑤ 환경의 보전 및 관리에 관한 사항	② 공간구조, 생활권의 설정 및 인구의 배분에 관한 사항 ④ 토지의 용도별 수요 및 공급에 관한 사항 ⑥ 기반시설에 관한 사항
수립권자	**의무적 수립**	특별시장·광역시장·특별자치시장·특별자치도지사·시장 또는 군수는 관할 구역에 대하여 도시·군기본계획을 수립하여야 한다. 🔒 국토교통부장관 및 도지사는 수립권자에 해당하지 아니한다.
	수립의 예외	① 「수도권정비계획법」의 규정에 의한 수도권에 속하지 아니하고 광역시와 경계를 같이하지 아니한 시 또는 군으로서 인구 10만명 이하인 시 또는 군 ② 관할 구역 전부에 대하여 광역도시계획이 수립되어 있는 시 또는 군으로서 당해 광역도시계획에 도시·군기본계획의 내용이 모두 포함되어 있는 시 또는 군
	타 관할 구역 포함 가능	① 인접한 특별시·광역시·특별자치시·특별자치도·시 또는 군의 관할 구역 전부 또는 일부를 포함하여 도시·군기본계획을 수립할 수 있다. ② 인접한 특별시·광역시·특별자치시·특별자치도·시 또는 군의 관할 구역을 포함하여 도시·군기본계획을 수립하려면 미리 그 특별시장·광역시장·특별자치시장·특별자치도지사·시장 또는 군수와 협의하여야 한다.
수립절차	기초조사 ⇨ 공청회 ⇨ 승인 전 협의 ⇨ 심의 후 승인(광역도시계획의 수립 및 승인 절차 준용함) 🔒 도시·군기본계획 입안일부터 5년 이내에 토지적성평가 또는 재해취약성분석을 실시한 경우에는 토지적성평가 또는 재해취약성분석을 하지 아니할 수 있다.	
도지사의 승인	① 시장 또는 군수는 도시·군기본계획을 수립하거나 변경하려면 일정한 서류를 첨부하여 도지사의 승인을 받아야 한다. ② 도지사는 도시·군기본계획을 승인하려면 관계 행정기관의 장과 협의(30일 이내 의견제시)한 후 지방도시계획위원회의 심의를 거쳐야 한다.	
승인의 예외 (특별시장·광역시장· 특별자치시장 또는 특별자치도지사는 승인받지 않음)	특별시장·광역시장·특별자치시장 또는 특별자치도지사는 도시·군기본계획을 수립하거나 변경하려면 관계 행정기관의 장과 협의(30일 이내에 의견제시)한 후 지방도시계획위원회의 심의를 거쳐야 한다(3특 1광 승인받지 않음!).	

수립기준	국토교통부장관은 도시·군기본계획의 수립기준을 정할 때에는 다음에 관한 사항을 종합적으로 고려하여야 한다. ① 특별시·광역시·특별자치시·특별자치도·시 또는 군의 기본적인 공간구조와 장기발전방향을 제시하는 토지이용·교통·환경 등에 관한 종합계획이 되도록 할 것 ② 여건변화에 탄력적으로 대응할 수 있도록 포괄적이고 개략적으로 수립하도록 할 것 ③ 도시와 농어촌 및 산촌지역의 인구밀도, 토지이용의 특성 및 주변환경 등을 종합적으로 고려하여 지역별로 계획의 상세정도를 다르게 하되, 기반시설의 배치계획, 토지용도 등은 도시와 농어촌 및 산촌지역이 서로 연계되도록 할 것 ④ 부문별 계획은 도시·군기본계획의 방향에 부합하고 도시·군기본계획의 목표를 달성할 수 있는 방안을 제시함으로써 도시·군기본계획의 통일성과 일관성을 유지하도록 할 것 ⑤ 도시지역 등에 위치한 개발가능토지는 단계별로 시차를 두어 개발되도록 할 것
타당성 검토	① 특별시장·광역시장·특별자치시장·특별자치도지사·시장 또는 군수는 5년마다 타당성 검토 ② 또한 도시·군기본계획의 내용에 우선하는 광역도시계획의 내용 및 도시·군기본계획에 우선하는 국가계획의 내용을 도시·군기본계획에 반영

03 국토의 계획 및 이용에 관한 법령상 도시·군기본계획에 관한 설명으로 틀린 것은?

① 시장 또는 군수는 인접한 시 또는 군의 관할 구역을 포함하여 도시·군기본계획을 수립하려면 미리 그 시장 또는 군수와 협의하여야 한다.

② 도시·군기본계획 입안일부터 5년 이내에 토지적성평가를 실시한 경우에는 토지적성평가를 하지 아니할 수 있다.

③ 시장 또는 군수는 도시·군기본계획을 수립하려면 미리 그 시 또는 군 의회의 의견을 들어야 한다.

④ 시장 또는 군수는 도시·군기본계획을 변경하려면 도지사와 협의한 후 지방도시계획위원회의 심의를 거쳐야 한다.

⑤ 시장 또는 군수는 5년마다 관할 구역의 도시·군기본계획에 대하여 타당성을 전반적으로 재검토하여 정비하여야 한다.

04 국토의 계획 및 이용에 관한 법령상 광역도시계획 및 도시·군기본계획에 관한 설명으로 틀린 것은 모두 몇 개인가?

ㄱ 시·도지사는 광역도시계획을 수립하거나 변경하려면 일정한 서류를 첨부하여 국토교통부장관의 승인을 얻어야 한다.
ㄴ 광역시장이 도시·군기본계획을 수립하거나 변경하려면 일정한 서류를 첨부하여 국토교통부장관의 승인을 받아야 한다.
ㄷ 「수도권정비계획법」에 의한 수도권에 속하지 아니한 인구 10만명 이하인 시 또는 군은 도시·군기본계획을 수립하지 아니할 수 있다.
ㄹ 도시·군기본계획 입안일부터 5년 이내에 토지적성평가를 실시한 경우에는 기초조사시의 토지적성평가를 하지 아니할 수 있다.
ㅂ 도지사가 시장 또는 군수의 요청으로 관할 시장 또는 군수와 공동으로 광역도시계획을 수립하는 경우에는 국토교통부장관의 승인을 받지 않고 광역도시계획을 수립할 수 있다.

① 1개　　　　　　② 2개
③ 3개　　　　　　④ 4개
⑤ 전부 틀림

POINT 3 도시 · 군관리계획

의 의	특별시 · 광역시 · 특별자치시 · 특별자치도 · 시 또는 군의 개발 · 정비 및 보전을 위하여 수립하는 토지이용 · 교통 · 환경 · 경관 · 안전 · 산업 · 정보통신 · 보건 · 복지 · 안보 · 문화 등에 관한 6가지의 계획
내 용	① 용도지역 · 용도지구의 지정 또는 변경에 관한 계획 ② 개발제한구역 · 시가화조정구역 · 도시자연공원구역 · 수산자원보호구역의 지정 또는 변경에 관한 계획 ③ 기반시설의 설치 · 정비 또는 개량에 관한 계획 ④ 도시개발사업이나 정비사업에 관한 계획 ⑤ 지구단위계획구역의 지정 또는 변경에 관한 계획과 지구단위계획의 수립 및 변경 ⑥ 입지규제최소구역의 지정 또는 변경에 관한 계획과 입지규제최소구역계획의 수립 및 변경

입안권자	원칙	① 특별시장 · 광역시장 · 특별자치시장 · 특별자치도지사 · 시장 또는 군수는 관할 구역에 대하여 도시 · 군관리계획을 입안하여야 한다. ② 인접한 특별시장 · 광역시장 · 특별자치시장 · 특별자치도지사 · 시장 또는 군수가 협의하여 공동으로 입안 가능 ③ 공동입안에 대한 협의가 성립되지 아니하는 경우 도시 · 군관리계획을 입안하고자 하는 구역이 같은 도의 관할 구역에 속하는 때에는 관할 도지사가, 둘 이상의 시 · 도의 관할 구역에 걸치는 때에는 국토교통부장관(수산자원보호구역의 경우 해양수산부장관을 말한다)이 입안할 자를 지정하고 이를 고시하여야 한다.

	예외	① 국토교통부장관은 다음에 해당하는 경우에는 직접 또는 관계 중앙행정기관의 장의 요청에 의하여 도시 · 군관리계획을 입안할 수 있다. 이 경우 국토교통부장관은 관할 시 · 도지사 및 시장 · 군수의 의견을 들어야 한다.
		  ㉠ 국가계획과 관련된 경우
		  ㉡ 둘 이상의 시 · 도에 걸쳐 지정되는 용도지역 · 용도지구 또는 용도구역과 둘 이상의 시 · 도에 걸쳐 이루어지는 사업의 계획 중 도시 · 군관리계획으로 결정하여야 할 사항이 있는 경우
		② 도지사는 다음의 경우에는 직접 또는 시장이나 군수의 요청에 의하여 도시 · 군관리계획을 입안할 수 있다. 이 경우 도지사는 관계 시장 또는 군수의 의견을 들어야 한다.
		  ㉠ 둘 이상의 시 · 군에 걸쳐 지정되는 용도지역 · 용도지구 또는 용도구역과 둘 이상의 시 · 군에 걸쳐 이루어지는 사업의 계획 중 도시 · 군관리계획으로 결정하여야 할 사항이 포함되어 있는 경우
		  ㉡ 도지사가 직접 수립하는 사업의 계획으로서 도시 · 군관리계획으로 결정하여야 할 사항이 포함되어 있는 경우

입안 (수립)기준	국토교통부장관(수산자원보호구역의 경우 해양수산부장관을 말한다)은 도시 · 군관리계획의 수립기준을 정할 때에는 다음 사항을 종합적으로 고려하여야 한다. ① 광역도시계획 및 도시 · 군기본계획 등에서 제시한 내용을 수용하고 개별 사업계획과의 관계 및 도시의 성장추세를 고려하여 수립하도록 할 것 ② 도시 · 군기본계획을 수립하지 아니하는 시 · 군의 경우 당해 시 · 군의 장기발전구상 및 도시 · 군기본계획에 포함될 사항 중 도시 · 군관리계획의 원활한 수립을 위하여 필요한 사항이 포함되도록 할 것 ③ 도시 · 군관리계획의 효율적인 운영 등을 위하여 필요한 경우에는 특정지역 또는 특정부문에 한정하여 정비할 수 있도록 할 것 ④ 공간구조는 생활권단위로 적정하게 구분하고 생활권별로 생활 · 편익시설이 고루 갖추어지도록 할 것 ⑤ 도시와 농어촌 및 산촌지역의 인구밀도, 토지이용의 특성 및 주변환경 등을 종합적으로 고려하여 지역별로 계획의 상세정도를 다르게 하되, 기반시설의 배치계획, 토지용도 등은 도시와 농어촌 및 산촌지역이 서로 연계되도록 할 것 🔒 도시 · 군관리계획은 광역도시계획 및 도시 · 군기본계획에 부합되어야 한다.

입안의 제안	제안권자	주민 및 이해관계자(제안서에는 도시·군관리계획도서와 계획설명서를 첨부)
	제안대상	① 기반시설의 설치·정비 또는 개량에 관한 사항(토지 면적의 5분의 4 이상 동의 - 국공유지 제외) ② 지구단위계획구역의 지정 및 변경과 지구단위계획의 수립 및 변경에 관한 사항(토지 면적의 3분의 2 이상 동의 - 국공유지 제외) ③ 개발진흥지구 중 공업기능 또는 유통물류기능 등을 집중적으로 개발·정비하기 위한 산업·유통개발진흥지구의 지정 및 변경에 관한 사항 (토지 면적의 3분의 2 이상 동의 - 국공유지 제외) ④ 제37조에 따라 지정된 용도지구 중 해당 용도지구에 따른 건축물이나 그 밖의 시설의 용도·종류 및 규모 등의 제한을 지구단위계획으로 대체하기 위한 용도지구 (토지 면적의 3분의 2 이상 동의 - 국공유지 제외) ⑤ 입지규제최소구역의 지정 및 변경과 입지규제최소구역계획의 수립 및 변경에 관한 사항
	제안서 처리기간	제안일로부터 45일 이내에 도시·군관리계획입안에의 반영 여부를 제안자에게 통보. 다만, 부득이한 사정이 있는 경우에는 1회에 한하여 30일을 연장
	비용부담	도시·군관리계획의 입안을 제안받은 자는 제안자와 협의하여 제안된 도시·군관리계획의 입안 및 결정에 필요한 비용의 전부 또는 일부를 제안자에게 부담시킬 수 있다.
입안 절차	기초조사 (환경성 검토, 토지의 적성평가 등도 포함)	도시·군관리계획을 수립 또는 이를 변경하고자 하는 때에는 미리 인구·경제·사회·문화·토지이용·환경·교통·주택 등에 관한 사항에 대하여 조사하거나 측량하여야 한다. 🔒 단위 도시·군계획시설부지 면적의 5퍼센트 미만의 변경인 경우, 도시지역의 축소에 따른 용도지역·용도지구·용도구역 또는 지구단위계 획구역의 변경인 경우 등에는 기초조사가 생략될 수 있다.
	주민의 의견청취	① 도시·군관리계획을 입안하는 때에는 주민의 의견을 들어야 하며, 그 의견이 타당하다고 인정되는 때에는 이를 도시·군관리계획안에 반영 하여야 한다. 다만, 국방상 또는 국가안전보장상 기밀을 지켜야 할 필요가 있는 사항(관계 중앙행정기관의 장의 요청이 있는 것에 한한다)이거나 경미 한 사항의 변경인 경우에는 그러하지 아니하다. ② 주민의 의견을 청취하고자 하는 때에는 도시·군관리계획안을 14일 이상 일반이 열람(열람기간 내에 의견서를 제출) ③ 입안권자는 열람기간이 종료된 날부터 60일 이내에 당해 의견을 제출한 자에게 통보
	지방의회 의견청취	입안권자는 도시·군관리계획을 입안하고자 하는 때에는 다음 사항에 대하여 해당 지방의회의 의견을 들어야 한다. 다만, 협의와 심의절차가 생략되는 사항 및 지구단위계획으로 결정 또는 변경 결정하는 사항을 제외한다. ① 용도지역·용도지구 또는 용도구역의 지정 또는 변경지정 ② 광역도시계획에 포함된 광역시설의 설치·정비 또는 개량에 관한 도시·군관리계획의 결정 또는 변경결정 ③ 기반시설의 설치·정비 또는 개량에 관한 도시·군관리계획의 결정 또는 변경결정

결정절차	**결정권자**	① 원칙: 도시·군관리계획은 시·도지사가 직접 또는 시장·군수의 신청에 의하여 이를 결정. 다만, 인구 50만 이상의 대도시(이하 '대도시')의 경우에는 해당 대도시 시장이 직접 결정하고, 다음의 도시·군관리계획은 시장 또는 군수가 직접 결정 　㉠ 시장 또는 군수가 입안한 지구단위계획구역의 지정·변경과 지구단위계획의 수립·변경에 관한 도시·군관리계획 　㉡ 지구단위계획으로 대체하는 용도지구 폐지에 관한 도시·군관리계획(해당 시장 또는 군수가 도지사와 미리 협의한 경우에 한정한다) ② 예외: 다음의 도시·군관리계획은 국토교통부장관이 결정 　㉠ (국가계획 등과 관련하여) 국토교통부장관이 입안한 도시·군관리계획 　㉡ 개발제한구역의 지정 및 변경에 관한 도시·군관리계획 　㉢ 국가계획과 연계하여 시가화조정구역의 지정 및 변경에 관한 도시·군관리계획을 결정하는 경우 ※ 이 경우도 수산자원보호구역의 지정 및 변경에 관한 도시·군관리계획은 해양수산부장관이 결정하게 된다.
	결정신청	시장 또는 군수(국토교통부장관이 결정하는 도시·군관리계획의 결정을 신청하는 경우에는 시·도지사를 포함한다)는 도시·군관리계획결정을 신청하고자 하는 때에는 도시·군관리계획도서 및 계획설명서에 일정한 서류를 첨부하여 도지사(국토교통부장관만이 결정하는 도시·군관리계획의 결정을 신청하는 경우에는 국토교통부장관을 말하며, 수산자원보호구역의 결정을 신청하는 경우에는 해양수산부장관을 말한다)에게 제출하여야 한다.
	결정 전 협의 및 심의	① 국토교통부장관이 도시·군관리계획을 결정 또는 변경하고자 하는 때에는 중앙도시계획위원회의 심의를 거쳐야 하며, 시·도지사(대도시 시장 포함)가 도시·군관리계획을 결정 또는 변경하고자 하는 때에는 시·도(대도시 포함) 도시계획위원회의 심의를 거쳐야 한다. ② 다만, 시·도지사가 지구단위계획이나 지구단위계획으로 대체하는 용도지구 폐지에 관한 사항을 결정하려면 대통령령으로 정하는 바에 따라 「건축법」 제4조에 따라 시·도에 두는 건축위원회와 도시계획위원회가 공동으로 하는 심의를 거쳐야 한다.
	협의 및 심의 생략	국토교통부장관 또는 시·도지사(대도시 시장 포함)는 국방상 또는 국가안전보장상 기밀을 지켜야 할 필요가 있다고 인정되거나(관계 중앙행정기관의 장이 요청할 때만 해당한다) 또는 단위 도시·군계획시설부지 면적의 5퍼센트 미만의 변경인 경우 등의 사유에 해당하는 경우에는 관계 행정기관의 장과의 협의, 국토교통부장관과의 협의 및 중앙도시계획위원회 또는 지방도시계획위원회의 심의를 거치지 아니하고 도시·군관리계획(지구단위계획은 제외한다)을 변경할 수 있다.
효력발생		지형도면을 고시한 날부터(다음 날이 아님!!)
지형도면의 승인		시장(대도시 시장은 제외한다)이나 군수는 지형도에 도시·군관리계획(지구단위계획구역의 지정·변경과 지구단위계획의 수립·변경에 관한 도시·군관리계획은 제외한다)에 관한 사항을 자세히 밝힌 도면("지형도면")을 작성하면 도지사의 승인을 받아야 한다(30일 이내에 그 지형도면을 승인).
타당성 검토		5년마다 관할 구역의 도시·군관리계획에 대하여 그 타당성 여부를 전반적으로 재검토하여 정비

05 국토의 계획 및 이용에 관한 법령상 도시 · 군관리계획의 내용에 해당하지 않는 것은?

① 도시자연공원구역 안에서의 행위제한에 관한 계획
② 집단취락지구의 지정에 관한 계획
③ 농림지역의 지정 및 변경에 관한 계획
④ 지구단위계획구역의 지정과 지구단위계획의 수립에 관한 계획
⑤ 기반시설의 설치 및 정비에 관한 계획

06 국토의 계획 및 이용에 관한 법령상 도시 · 군관리계획에 관한 설명으로 틀린 것은?

① 국토교통부장관은 국가계획과 관련된 경우 직접 도시 · 군관리계획을 입안할 수 있다.
② 주민은 산업 · 유통개발진흥지구의 지정에 관한 사항에 대하여 도시 · 군관리계획의 입안권자에게 도시 · 군관리계획의 입안을 제안할 수 있다.
③ 도시 · 군관리계획으로 입안하려는 지구단위계획구역이 상업지역에 위치하는 경우에는 재해취약성분석을 하지 아니할 수 있다.
④ 도시 · 군관리계획 결정의 효력은 지형도면을 고시한 다음 날부터 발생한다.
⑤ 인접한 특별시 광역시 · 특별자치시 · 특별자치도 · 시 또는 군의 관할 구역에 대한 도시 · 군관리계획은 관계 특별시장 · 광역시장 · 특별자치시장 · 특별자치도지사 시장 또는 군수가 협의하여 공동으로 입안하거나 입안할 자를 정한다.

07 국토의 계획 및 이용에 관한 법령상 도시 · 군관리계획의 결정에 관한 설명으로 틀린 것은?

① 시장 또는 군수가 입안한 지구단위계획구역의 지정 · 변경에 관한 도시 · 군관리계획은 시장 또는 군수가 직접 결정한다.
② 개발제한구역의 지정에 관한 도시 · 군관리계획은 국토교통부장관이 결정한다.
③ 시 · 도지사가 지구단위계획을 결정하려면 건축법에 따라 시 · 도에 두는 건축위원회와 도시계획위원회가 공동으로 하는 심의를 거쳐야 한다.
④ 도시 · 군관리계획의 입안을 제안하려는 자가 토지소유자의 동의서를 받아야 하는 경우 국 · 공유지는 동의대상 토지면적에 포함된다.
⑤ 도시 · 군관리계획 결정의 효력은 지형도면을 고시한 날부터 발생한다.

08 국토의 계획 및 이용에 관한 법령상 도시·군관리계획결정에 관한 다음 설명 중 옳지 않은 것은?

① 도시·군관리계획결정은 원칙적으로 시·도지사 또는 대도시 시장이 한다.

② 수산자원보호구역의 지정 및 변경에 관한 도시·군관리계획결정은 해양수산부장관이 한다.

③ 국토교통부장관 또는 시·도지사(대도시 시장 포함)는 국방상 또는 국가안전보장상 기밀을 지켜야 할 필요가 있다고 인정되거나(관계 중앙행정기관의 장이 요청할 때만 해당한다) 또는 경미한 사항의 변경인 경우에는 그 도시·군관리계획의 전부 또는 일부에 대하여 협의와 심의절차를 생략할 수 있다.

④ 시·도지사가 지구단위계획이나 지구단위계획으로 대체하는 용도지구 폐지에 관한 사항을 결정하려면 「건축법」 제4조에 따라 시·도에 두는 건축위원회와 도시계획위원회가 공동으로 하는 심의를 거쳐야 한다.

⑤ 시가화조정구역 또는 수산자원보호구역의 지정에 관한 도시·군관리계획결정이 있는 경우에는 도시·군관리계획결정의 고시일로부터 30일 이내에 그 사업 또는 공사의 내용을 관할 특별시장·광역시장·특별자치시장·특별자치도지사·시장 또는 군수에게 신고하고 그 사업 또는 공사를 계속할 수 있다.

09 국토의 계획 및 이용에 관한 법령상 용도지역의 지정절차 특례에 관한 다음 설명 중 옳지 않은 것은?

① 공유수면(바다만 해당함)의 매립목적이 그 매립구역과 이웃하고 있는 용도지역의 내용과 같으면 그 매립준공구역은 그 매립의 준공인가일부터 이와 이웃하고 있는 용도지역으로 지정된 것으로 본다.

② 관리지역에서 「농지법」에 따른 농업진흥지역으로 지정·고시된 지역은 농림지역으로 결정·고시된 것으로 본다.

③ 관리지역의 산림 중 「산지관리법」에 따라 보전산지로 지정·고시된 지역은 그 고시에서 구분하는 바에 따라 농림지역 또는 자연환경보전지역으로 결정·고시된 것으로 본다.

④ 「어촌·어항법」에 따른 어항구역으로서 도시지역에 연접한 공유수면은 도시지역으로 결정된 것으로 본다. 이 경우 관계 특별시장·광역시장·특별자치시장·특별자치도지사·시장 또는 군수는 그 사실을 지체없이 고시하여야 한다.

⑤ 「산업입지 및 개발에 관한 법률」에 따른 지정·고시된 국가산업단지도 도시지역으로 결정·고시된 것으로 본다.

POINT 4 용도지역제

구 분		세분지역		지정목적	건폐율 및 용적률
도시지역	주거지역	전용주거지역 (양호한 주거환경을 보호)	제1종 전용주거지역	단독주택 중심의 양호한 주거환경을 보호	50% 이하, 50% 이상 100% 이하
			제2종 전용주거지역	공동주택 중심의 양호한 주거환경을 보호	50% 이하, 50% 이상 150% 이하
		일반주거지역 (편리한 주거환경을 조성)	제1종 일반주거지역	저층주택을 중심으로 편리한 주거환경을 조성	60% 이하, 100% 이상 200% 이하
			제2종 일반주거지역	중층주택을 중심으로 편리한 주거환경을 조성	60% 이하, 100% 이상 250% 이하
			제3종 일반주거지역	중·고층주택을 중심으로 편리한 주거환경을 조성	50% 이하, 100% 이상 300% 이하
		준주거지역		주거기능을 위주로 이를 지원하는 일부 상업·업무기능을 보완	70% 이하, 200% 이상 500% 이하
	상업지역	중심상업지역		도심·부도심의 업무 및 상업기능의 확충	90% 이하, 200% 이상 1,500% 이하
		일반상업지역		일반적인 상업 및 업무기능을 담당	80% 이하, 200% 이상 1,300% 이하
		유통상업지역		도시 내 및 지역간 유통기능의 증진	80% 이하, 200% 이상 1,100% 이하
		근린상업지역		근린지역에서의 일용품 및 서비스의 공급	70% 이하, 200% 이상 900% 이하
	공업지역	전용공업지역		주로 중화학공업·공해성 공업 등을 수용	70% 이하, 150% 이상 300% 이하
		일반공업지역		환경을 저해하지 아니하는 공업의 배치	70% 이하, 150% 이상 350% 이하
		준공업지역		경공업 그 밖의 공업을 수용하되, 주거·상업·업무기능의 보완이 필요	70% 이하, 150% 이상 400% 이하
	녹지지역	보전녹지지역		도시의 자연환경·경관·산림 및 녹지공간을 보전	20% 이하, 50% 이상 80% 이하
		생산녹지지역		주로 농업적 생산을 위하여 개발을 유보	20% 이하, 50% 이상 100% 이하
		자연녹지지역		도시의 녹지공간의 확보, 도시확산의 방지, 장래 도시용지의 공급 등을 위하여 보전할 필요가 있는 지역으로서 불가피한 경우에 한하여 제한적인 개발이 허용되는 지역	20% 이하, 50% 이상 100% 이하
관리지역	보전관리지역			자연환경보호, 산림보호, 수질오염방지, 녹지공간 확보 및 생태계 보전 등을 위하여 보전이 필요하나, 주변의 용도지역과의 관계 등을 고려할 때 자연환경보전지역으로 지정하여 관리하기가 곤란한 지역	20% 이하, 50% 이상 80% 이하
	생산관리지역			농업·임업·어업생산 등을 위하여 관리가 필요하나, 주변의 용도지역과의 관계 등을 고려할 때 농림지역으로 지정하여 관리하기가 곤란한 지역	20% 이하, 50% 이상 80% 이하
	계획관리지역			도시지역으로의 편입이 예상되는 지역이나 자연환경을 고려하여 제한적인 이용·개발을 하려는 지역으로서 계획적·체계적인 관리가 필요한 지역	40% 이하, 50% 이상 100% 이하
농림지역				도시지역에 속하지 아니하는 「농지법」에 의한 농업진흥지역 또는 「산지관리법」에 의한 보전산지 등으로서 농림업을 진흥시키고 산림을 보전하기 위하여 필요한 지역	20% 이하, 50% 이상 80% 이하
자연환경보전지역				자연환경, 수자원, 해안, 생태계, 상수원 및 문화재의 보전과 수산자원의 보호 및 육성 등을 위하여 필요한 지역	20% 이하, 50% 이상 80% 이하

10 국토의 계획 및 이용에 관한 법령상 용도지역에 관한 설명으로 옳은 것은?

① 도시지역, 관리지역, 농림지역 또는 자연환경보전지역으로 용도가 지정되지 아니한 지역에 대해서는 용도지역의 건폐율과 용적률 규정을 적용할 때에 보전녹지지역에 관한 규정을 적용한다.

② 도시지역은 주거지역, 상업지역, 공업지역, 관리지역으로 구분하여 지정한다.

③ 도시의 녹지공간의 확보, 도시확산의 방지, 장래 도시용지의 공급 등을 위하여 보전할 필요가 있는 지역으로서 불가피한 경우에 한하여 제한적인 개발이 허용되는 지역은 보전녹지지역이다.

④ 시·도지사 또는 대도시 시장은 해당 시·도 또는 대도시의 도시·군계획조례로 정하는 바에 따라 도시·군관리계획결정으로 세분된 주거지역·상업지역·공업지역·녹지지역을 추가적으로 세분하여 지정할 수 있다.

⑤ 관리지역이 세부 용도지역으로 지정되지 아니한 경우 도시·군계획조례가 정할 수 있는 건폐율과 용적률의 최대한도는 각각 40퍼센트 이하, 100퍼센트 이하이다.

11 국토의 계획 및 이용에 관한 법령상 용도지역의 세분에 관한 내용으로 옳게 연결한 것은?

① 제2종 전용주거지역 – 단독주택 중심의 양호한 주거환경을 보호하기 위하여 필요한 지역

② 보전녹지지역 – 주로 농업적 생산을 위하여 개발을 유보할 필요가 있는 지역

③ 제3종 일반주거지역 – 중·고층주택을 중심으로 편리한 주거환경을 조성하지 위하여 필요한 지역

④ 일반상업지역 – 도심·부도심의 상업기능 및 업무기능의 확충을 위하여 필요한 지역

⑤ 전용공업지역 – 경공업 그 밖의 공업을 수용하되, 주거기능·상업기능 및 업무기능의 보완이 필요한 지역

POINT 5 건폐율 및 용적률의 특례

건폐율의 조정 (80% 이하의 범위 안에서 조례로 별도 지정 가능)	① 취락지구 : 60% 이하(집단취락지구에 대하여는 개발제한구역의 지정 및 관리에 관한 특별조치법령이 정하는 바에 의한다) ② 개발진흥지구(도시지역 외의 지역 또는 자연녹지지역만 해당) : 다음에서 정하는 비율 이하 　　㉠ 도시지역 외의 지역에 지정된 경우 : 40퍼센트 　　㉡ 자연녹지지역에 지정된 경우 : 30퍼센트 ③ 수산자원보호구역 : 40% 이하 ④ 「자연공원법」에 의한 자연공원 : 60% 이하 ⑤ 「산업입지 및 개발에 관한 법률」의 규정에 의한 농공단지 : 70% 이하 ⑥ 공업지역에 있는 「산업입지 및 개발에 관한 법률」의 규정에 의한 국가산업단지, 일반산업단지, 도시첨단산업단지와 준산업단지 : 80% 이하
용적률의 조정 (200% 이하의 범위 안에서 조례로 별도 지정 가능)	① 도시지역 외의 지역에 지정된 개발진흥지구 : 100% 이하 ② 수산자원보호구역 : 80% 이하 ③ 「자연공원법」에 의한 자연공원 : 100% 이하 ④ 「산업입지 및 개발에 관한 법률」의 규정에 의한 농공단지(도시지역 외의 지역에 지정된 농공단지에 한한다) : 150% 이하

12 국토의 계획 및 이용에 관한 법령상 용도지역별 용적률의 최대한도가 큰 순서대로 나열한 것은? (단, 조례 기타 강화·완화조건은 고려하지 않음)

> ㉠ 근린상업지역　　㉡ 준공업지역
> ㉢ 준주거지역　　　㉣ 보전녹지지역
> ㉤ 계획관리지역

① ㉠ - ㉡ - ㉢ - ㉣ - ㉤
② ㉠ - ㉢ - ㉡ - ㉤ - ㉣
③ ㉡ - ㉤ - ㉠ - ㉣ - ㉢
④ ㉢ - ㉠ - ㉣ - ㉡ - ㉤
⑤ ㉢ - ㉡ - ㉠ - ㉤ - ㉣

13 국토의 계획 및 이용에 관한 법령상 건폐율은 지역별로 다음 범위에서 조례가 정하는 비율을 초과하여서는 아니 되며, 그 기준으로 틀린 것은?

① 농공단지 - 80퍼센트 이하
② 도시지역 외의 지역에 지정된 개발진흥지구 - 40퍼센트 이하
③ 자연녹지지역에 지정된 개발진흥지구 - 30퍼센트 이하
④ 제2종 일반주거지역 - 60퍼센트 이하
⑤ 자연환경보전지역에 지정된 수산자원보호구역 - 40퍼센트 이하

POINT 6 용도지역별 행위제한의 특례

농공단지의 특례	농공단지 안에서는 「산업입지 및 개발에 관한 법률」 적용
농림지역의 특례	농림지역 중 농업진흥지역, 보전산지 또는 초지인 경우에는 각각 「농지법」, 「산지관리법」 또는 「초지법」이 정하는 바에 의한다.
자연환경보전지역의 특례	① 공원구역: 자연공원법 적용 ② 상수원보호구역: 수도법 적용 ③ 지정문화재 또는 천연기념물과 그 보호구역: 문화재보호법 적용 ④ 해양보호구역: 해양생태계의 보전 및 관리에 관한 법률 적용 ⑤ 수산자원보호구역: 「수산자원관리법」 적용
용도지역 미지정 또는 미세분지역에서의 행위제한 등	① 용도지역이 지정되지 아니한 경우: 자연환경보전지역에 관한 규정을 적용 ② 용도지역이 세분되지 아니한 경우: 용도지역이 도시지역인 경우에는 보전녹지지역에 관한 규정을 적용하고, 관리지역인 경우에는 보전관리지역에 관한 규정을 적용

14 국토의 계획 및 이용에 관한 법령상 용도지역별 행위제한의 특례에 대한 설명으로 바르지 못한 것은?

① 도시지역 중 녹지지역 안에서는 농지에 대한 거래시 원칙적으로 「농지법」 제8조의 규정에 의한 농지취득자격증명을 필요로 한다.
② 생산관리지역에 지정된 농공단지 안에서는 농지법이 정하는 바에 의한다
③ 농림지역 중 농업진흥지역인 경우에는 「농지법」이 정하는 바에 의한다.
④ 자연환경보전지역 중 수산자원보호구역인 경우에는 「수산자원관리법」으로 정하는 바에 따른다.
⑤ 농림지역 중 보전산지인 경우에는 「산지관리법」이 정하는 바에 의한다.

POINT 7 용도지구제

경관지구	경관의 보전·관리 및 형성을 위하여 필요한 지구 ① 자연경관지구: 산지·구릉지 등 자연경관을 보호하거나 유지하기 위하여 필요한 지구 ② 시가지경관지구: 지역 내 주거지, 중심지 등 시가지의 경관을 보호 또는 유지하거나 형성하기 위하여 필요한 지구 ③ 특화경관지구: 지역 내 주요 수계의 수변 또는 문화적 보존가치가 큰 건축물 주변의 경관 등 특별한 경관을 보호 또는 유지하거나 형성하기 위하여 필요한 지구
고도지구	쾌적한 환경 조성 및 토지의 효율적 이용을 위하여 건축물 높이의 최고한도를 규제할 필요가 있는 지구
방화지구	화재의 위험을 예방하기 위하여 필요한 지구

방재지구	풍수해, 산사태, 지반의 붕괴, 그 밖의 재해를 예방하기 위하여 필요한 지구
	① 시가지방재지구: 건축물·인구가 밀집되어 있는 지역으로서 시설 개선 등을 통하여 재해 예방이 필요한 지구
	② 자연방재지구: 토지의 이용도가 낮은 해안변, 하천변, 급경사지 주변 등의 지역으로서 건축 제한 등을 통하여 재해 예방이 필요한 지구
	🔒 시·도지사 또는 대도시 시장은 연안침식이 진행 중이거나 우려되는 지역 등 대통령령으로 정하는 다음의 지역에 대해서는 제1항 제5호의 방재지구의 지정 또는 변경을 도시·군관리계획으로 결정하여야 한다. 이 경우 도시·군관리계획의 내용에는 해당 방재지구의 재해저감대책을 포함하여야 한다.
	  • 연안침식으로 인하여 심각한 피해가 발생하거나 발생할 우려가 있어 이를 특별히 관리할 필요가 있는 지역으로서「연안관리법」제20조의2에 따른 연안침식관리구역으로 지정된 지역(같은 법 제2조 제3호의 연안육역에 한정한다)
	  • 풍수해, 산사태 등의 동일한 재해가 최근 10년 이내 2회 이상 발생하여 인명 피해를 입은 지역으로서 향후 동일한 재해 발생시 상당한 피해가 우려되는 지역

보호지구	문화재, 중요시설물(항만, 공항, 공용시설−공공업무시설, 공공필요성이 인정되는 문화시설·집회시설·운동시설 및 그 밖에 이와 유사한 시설로서 도시·군계획조례로 정하는 시설을 말한다−, 교정시설·군사시설을 말한다) 및 문화적·생태적으로 보존가치가 큰 지역의 보호와 보존을 위하여 필요한 지구 ① 역사문화환경보호지구: 문화재·전통사찰 등 역사·문화적으로 보존가치가 큰 시설 및 지역의 보호와 보존을 위하여 필요한 지구 ② 중요시설물보호지구: 중요시설물(항만, 공항, 공용시설 − 공공업무시설, 공공필요성이 인정되는 문화시설·집회시설·운동시설 및 그 밖에 이와 유사한 시설로서 도시·군계획조례로 정하는 시설을 말한다 − 교정시설·군사시설을 말한다)의 보호와 기능의 유지 및 증진 등을 위하여 필요한 지구 ③ 생태계보호지구: 야생동식물서식처 등 생태적으로 보존가치가 큰 지역의 보호와 보존을 위하여 필요한 지구
취락지구	녹지지역·관리지역·농림지역·자연환경보전지역·개발제한구역 또는 도시자연공원구역 안의 취락을 정비하기 위한 지구 ① 자연취락지구: 녹지지역·관리지역·농림지역 또는 자연환경보전지역 안의 취락을 정비하기 위하여 필요한 지구 ② 집단취락지구: 개발제한구역 안의 취락을 정비하기 위하여 필요한 지구
개발진흥지구	주거기능·상업기능·공업기능·유통물류기능·관광기능·휴양기능 등을 집중적으로 개발·정비할 필요가 있는 지구 ① 주거개발진흥지구: 주거기능을 중심으로 개발·정비할 필요가 있는 지구 ② 산업·유통개발진흥지구: 공업기능 및 유통·물류기능을 중심으로 개발·정비할 필요가 있는 지구 ③ 관광·휴양개발진흥지구: 관광·휴양기능을 중심으로 개발·정비할 필요가 있는 지구 ④ 복합개발진흥지구: 주거기능, 공업기능, 유통·물류기능 및 관광·휴양기능 중 2 이상의 기능을 중심으로 개발·정비할 필요가 있는 지구 ⑤ 특정개발진흥지구: 주거기능, 공업기능, 유통·물류기능 및 관광·휴양기능 외의 기능을 중심으로 특정한 목적을 위하여 개발·정비할 필요가 있는 지구
특정용도제한지구	주거 및 교육 환경 보호나 청소년 보호 등의 목적으로 오염물질 배출시설, 청소년 유해시설 등 특정시설의 입지를 제한할 필요가 있는 지구
복합용도지구	지역의 토지이용 상황, 개발 수요 및 주변 여건 등을 고려하여 효율적이고 복합적인 토지이용을 도모하기 위하여 특정시설의 입지를 완화할 필요가 있는 지구

POINT 8 용도지구 지정의 특례 및 행위제한

[지정특례]

① 시·도지사 또는 대도시 시장은 대통령령으로 정하는 일반주거지역·일반공업지역·계획관리지역에 복합용도지구를 지정할 수 있다.

② 시·도지사 또는 대도시 시장은 지역여건상 필요한 때에는 해당 시·도 또는 대도시의 도시·군계획조례로 정하는 바에 따라 경관지구를 추가적으로 세분(특화경관지구의 세분을 포함한다)하거나 중요시설물보호지구 및 특정용도제한지구를 세분하여 지정할 수 있다.

③ 시·도지사 또는 대도시 시장은 지역여건상 필요하면 대통령령으로 정하는 기준에 따라 그 시·도 또는 대도시의 조례로 용도지구의 명칭 및 지정목적, 건축이나 그 밖의 행위의 금지 및 제한에 관한 사항 등을 정하여 법령에서 정한 용도지구 외의 용도지구의 지정 또는 변경을 도시·군관리계획으로 결정할 수 있다(이 경우 당해 용도지역 또는 용도구역의 행위제한을 완화하는 용도지구를 신설하지 아니할 것)

[행위제한]

① 경관지구 안에서는 그 지구의 경관의 보전·관리·형성에 장애가 된다고 인정하여 도시·군계획조례가 정하는 건축물을 건축할 수 없다.

② 고도지구 안에서는 도시·군관리계획으로 정하는 높이를 초과하는 건축물을 건축할 수 없다.

③ 방재지구 안에서는 풍수해, 산사태, 지반의 붕괴, 지진이나 그 밖에 재해예방에 장애가 된다고 인정하여 도시·군계획조례가 정하는 건축물을 건축할 수 없다.

④ 보호지구 안에서는 도시·군계획조례가 정하는 건축물에 한하여 건축할 수 있다.

⑤ 집단취락지구 안에서의 건축제한에 대하여는 개발제한구역의 지정 및 관리에 관한 특별조치법령이 정하는 바에 의한다.

⑥ 개발진흥지구 안에서는 지구단위계획 또는 관계 법률에 따른 개발계획을 수립하는 개발진흥지구에서는 지구단위계획 또는 관계 법률에 따른 개발계획에 위반하여 건축물을 건축할 수 없으며, 지구단위계획 또는 개발계획이 수립되기 전에는 개발진흥지구의 계획적 개발에 위배되지 아니하는 범위에서 도시·군계획조례로 정하는 건축물을 건축할 수 있다.

⑦ 특정용도제한지구 안에서는 주거기능 및 교육환경을 훼손하거나 청소년 정서에 유해하다고 인정하여 도시·군계획조례가 정하는 건축물을 건축할 수 없다.

15 국토의 계획 및 이용에 관한 법령상 용도지구에 관한 내용으로 틀린 것은?

① 시·도지사 또는 대도시 시장은 지역여건상 필요하면 대통령령으로 정하는 기준에 따라 그 시·도 또는 대도시의 조례로 용도지구의 명칭 및 지정목적, 건축이나 그 밖의 행위의 금지 및 제한에 관한 사항 등을 정하여 법령에서 정한 용도지구 외의 용도지구의 지정 또는 변경을 도시·군관리계획으로 결정할 수 있다. 다만 당해 용도지역 또는 용도구역의 행위제한을 완화하는 용도지구를 신설하지 않아야 한다.

② 지역의 토지이용 상황, 개발 수요 및 주변 여건 등을 고려하여 효율적이고 복합적인 토지이용을 도모하기 위하여 특정시설의 입지를 완화할 필요가 있는 지구를 특정용도제한지구로 지정한다.

③ 방재지구 안에서는 풍수해, 산사태, 지반의 붕괴, 지진이나 그 밖에 재해예방에 장애가 된다고 인정하여 도시·군계획조례가 정하는 건축물을 건축할 수 없다.

④ 자연취락지구는 녹지지역, 관리지역, 농림지역, 자연환경보전지역의 취락을 정비하기 위하여 필요한 경우에 지정한다.

⑤ 시·도지사 또는 대도시 시장은 지역여건상 필요한 때에는 해당 시·도 또는 대도시의 도시·군계획조례로 정하는 바에 따라 경관지구를 추가적으로 세분(특화경관지구의 세분을 포함한다)하거나 중요시설물보호지구 및 특정용도제한지구를 세분하여 지정할 수 있다.

16 국토의 계획 및 이용에 관한 법령상 자연취락지구 안에서 건축할 수 있는 건축물에 해당하지 않는 것은? (단, 4층 이하의 건축물이고, 조례는 고려하지 않음)

① 치과의원
② 동물병원
③ 다세대주택
④ 종묘배양시설
⑤ 발전시설

POINT 9 용도구역제

개발제한구역	지정권자	국토교통부장관이 도시·군관리계획으로 결정
	지정목적	도시의 무질서한 확산을 방지하고 도시주변의 자연환경을 보전하여 도시민의 건전한 생활환경을 확보하기 위하여 도시의 개발을 제한할 필요가 있거나 국방부장관의 요청이 있어 보안상 도시의 개발을 제한할 필요가 있다고 인정되는 경우
	행위제한	개발제한구역의 지정 및 관리에 관한 특별조치법 적용
도시자연공원구역	지정권자	시·도지사, 대도시 시장이 도시·군관리계획으로 결정
	지정목적	도시의 자연환경 및 경관을 보호하고 도시민에게 건전한 여가·휴식공간을 제공하기 위하여 도시지역 안의 식생이 양호한 산지(山地)의 개발을 제한할 필요가 있다고 인정하는 경우
	행위제한	도시공원 및 녹지 등에 관한 법률 적용
수산자원보호구역	지정권자	해양수산부장관이 도시·군관리계획으로 결정
	지정목적	수산자원의 보호·육성을 위하여 필요한 공유수면이나 그에 인접된 토지
	행위제한	수산자원관리법 적용
입지규제최소구역	지정권자	도시·군관리계획의 결정권자(시장·군수는 제외)

	지정대상	① 도시·군기본계획에 따른 도심·부도심 또는 생활권의 중심지역
		② 철도역사, 터미널, 항만, 공공청사, 문화시설 등의 기반시설 중 지역의 거점 역할을 수행하는 시설을 중심으로 주변지역을 집중적으로 정비할 필요가 있는 지역
		③ 세 개 이상의 노선이 교차하는 대중교통 결절지로부터 1킬로미터 이내에 위치한 지역
		④ 「도시 및 주거환경정비법」 제2조 제3호에 따른 노후·불량건축물이 밀집한 주거지역 또는 공업지역으로 정비가 시급한 지역
		⑤ 「도시재생 활성화 및 지원에 관한 특별법」 제2조 제1항 제5호에 따른 도시재생활성화지역 중 같은 법 제2조 제1항 제6호에 따른 도시경제기반형 활성화계획을 수립하는 지역
		⑥ 그 밖에 창의적인 지역개발이 필요한 지역으로 대통령령으로 정하는 다음의 지역
		   ⓐ 「산업입지 및 개발에 관한 법률」 제2조 제8호 다목에 따른 도시첨단산업단지
		   ⓑ 「빈집 및 소규모주택 정비에 관한 특례법」 제2조 제3호에 따른 소규모주택정비사업의 시행구역
		   ⓒ 「도시재생 활성화 및 지원에 관한 특별법」 제2조 제1항 제6호 나목에 따른 근린재생형 활성화계획을 수립하는 지역

	행위제한	입지규제최소구역계획으로 정함
	입지규제최소구역계획의 내용	① 건축물의 용도·종류 및 규모 등에 관한 사항 ② 건축물의 건폐율·용적률·높이에 관한 사항 ③ 간선도로 등 주요 기반시설의 확보에 관한 사항 ④ 용도지역·용도지구, 도시·군계획시설 및 지구단위계획의 결정에 관한 사항 ⑤ 제83조의2 제1항 및 제2항에 따른 다른 법률 규정 적용의 완화 또는 배제에 관한 사항 ⑥ 그 밖에 입지규제최소구역의 체계적 개발과 관리에 필요한 사항
	다른 법률의 적용특례	입지규제최소구역에 대하여는 다음의 법률 규정을 적용하지 아니할 수 있다. ㉠ 「주택법」 제21조에 따른 주택의 배치, 부대시설·복리시설의 설치기준 및 대지조성기준 ㉡ 「주차장법」 제19조에 따른 부설주차장의 설치 ㉢ 「문화예술진흥법」 제9조에 따른 건축물에 대한 미술작품의 설치 ㉣ 건축법에 따른 공개공지 등의 확보

17 국토의 계획 및 이용에 관한 법령상 용도구역에 관한 설명이다. 다음 내용 중 옳은 모두 몇 개인가?

⊙ 국토교통부장관은 도시의 무질서한 확산을 방지하고 도시주변의 자연환경을 보전하여 도시민의 건전한 생활환경을 확보하기 위하여 도시의 개발을 제한할 필요가 있거나 국방부장관의 요청이 있어 보안상 도시의 개발을 제한할 필요가 있다고 인정되면 개발제한구역의 지정 또는 변경을 도시·군관리계획으로 결정할 수 있다.

ⓛ 해양수산부장관은 직접 또는 관계 행정기관의 장의 요청을 받아 수산자원의 보호·육성을 위하여 필요한 공유수면이나 그에 인접된 토지에 대한 수산자원보호구역의 지정 또는 변경을 도시·군관리계획으로 결정할 수 있다.

ⓒ 시·도지사는 직접 또는 관계 행정기관의 장의 요청을 받아 도시지역과 그 주변지역의 무질서한 시가화를 방지하고 계획적·단계적인 개발을 도모하기 위하여 20년 이내의 기간 동안 시가화를 유보할 필요가 있다고 인정되면 시가화조정구역의 지정 또는 변경을 도시·군관리계획으로 결정할 수 있다.

ⓔ 국토교통부장관은 도시의 자연환경 및 경관을 보호하고 도시민에게 건전한 여가·휴식공간을 제공하기 위하여 도시지역 안의 식생이 양호한 산지(山地)의 개발을 제한할 필요가 있다고 인정하면 도시자연공원구역의 지정 또는 변경을 도시·군관리계획으로 결정할 수 있다.

ⓜ 시가화조정구역 안에서의 도시·군계획사업은 국방상 또는 공익상 시가화조정구역 안에서의 사업시행이 불가피한 것으로서 관계 중앙행정기관의 장의 요청에 의하여 국토교통부장관이 시가화조정구역의 지정목적달성에 지장이 없다고 인정하는 도시·군계획사업에 한하여 이를 시행할 수 있다.

① 1개   ② 2개

③ 3개   ④ 4개

⑤ 전부 옳음

POINT ⑩ 시가화조정구역

지정권자	원칙: 시·도지사 예외: 국토교통부장관(국가계획과 연계하여 시가화조정구역의 지정 또는 변경이 필요한 경우)	
지정목적	도시지역과 그 주변지역의 무질서한 시가화를 방지하고 계획적·단계적인 개발을 도모하기 위하여 5년 이상 20년 이내의 기간 동안 시가화를 유보할 필요가 있다고 인정할 때 도시·군관리계획으로 결정	
실효 및 실효고시	시가화조정구역의 지정에 관한 도시·군관리계획의 결정은 시가화 유보기간이 끝난 날의 다음 날부터 그 효력을 잃는다. 이 경우 국토교통부장관 또는 시·도지사는 관보 또는 공보, 인터넷홈페이지에 게재하여 그 사실을 고시하여야 한다.	
시가화조정 구역 안에서의 행위제한	시가화조정구역 안에서 시행할 수 있는 도시·군계획사업	국방상 또는 공익상 시가화조정구역 안에서의 사업시행이 불가피한 것으로서 관계 중앙행정기관의 장의 요청에 의하여 국토교통부장관이 시가화조정구역의 지정목적달성에 지장이 없다고 인정하는 도시·군계획사업에 한하여 이를 시행할 수 있다(원칙적으로 금지)
	허가대상	특별시장·광역시장·특별자치시장·특별자치도지사·시장 또는 군수의 허가를 받아 이를 할 수 있다. ㉠ 농업·임업 또는 어업을 영위하는 자가 행하는 다음에 해당하는 건축물 그 밖의 시설의 건축 　ⓐ 축사　　ⓑ 퇴비사　　ⓒ 잠실　　ⓓ 양어장　　ⓔ 창고　　ⓕ 생산시설 　ⓖ 관리용 건축물로서 기존 관리용 건축물의 면적을 포함하여 $33m^2$ 이하인 것 ㉡ 주택 및 그 부속건축물의 건축으로서 다음에 해당하는 행위 　ⓐ 주택의 증축(기존 주택의 면적을 포함하여 $100m^2$ 이하) 　ⓑ 부속건축물의 건축($33m^2$ 이하에 해당하는 면적의 신축·증축·재축 또는 대수선을 말한다) ㉢ 마을공동시설의 설치 ㉣ 공익시설·공용시설 및 공공시설 등의 설치 ㉤ 입목의 벌채, 조림, 육림, 토석의 채취 🔒 위에 따른 허가가 있는 경우에는 다음 각 호의 허가 또는 신고가 있는 것으로 본다. 　•「산지관리법」 제14조·제15조에 따른 산지전용허가 및 산지전용신고, 같은 법 제15조의2에 따른 산지일시사용허가·신고 　•「산림자원의 조성 및 관리에 관한 법률」 제36조 제1항·제5항에 따른 입목벌채 등의 허가·신고
	허가를 거부할 수 없는 행위	① 개발행위허가를 받지 아니하고 행할 수 있는 경미한 행위 ② 다음에 해당하는 행위 　㉠ 축사의 설치: 1가구당 기존 축사의 면적을 포함하여 $300m^2$ 이하 　㉡ 퇴비사의 설치: 1가구당 기존 퇴비사의 면적을 포함하여 $100m^2$ 이하 　㉢ 잠실의 설치: 뽕나무밭 조성면적 2천m^2 당 또는 뽕나무 1천 800주당 $50m^2$ 이하 　㉣ 창고의 설치: 기존 창고면적을 포함하여 그 토지면적의 0.5% 이하 　㉤ 관리용 건축물의 설치: 기존 관리용 건축물의 면적을 포함하여 $33m^2$ 이하 ③「건축법」에 의한 건축신고로서 건축허가를 갈음하는 행위

18 국토의 계획 및 이용에 관한 법령상 시가화조정구역에 관한 내용으로 틀린 것은?

① 시·도지사가 직접 또는 관계 행정기관의 장의 요청을 받아 무질서한 시가화를 방지할 목적으로 도시·군관리계획으로 결정할 수 있다.

② 국가계획과 연계하여 시가화조정구역의 지정이 필요한 경우에는 국토교통부장관이 직접 도시·군관리계획으로 결정할 수 있다.

③ 시가화조정구역 안에서의 도시·군계획사업은 국방상 또는 공익상 시가화조정구역 안에서의 사업시행이 불가피한 것으로서 관계 중앙행정기관의 장의 요청에 의하여 국토교통부장관이 시가화조정구역의 지정목적 달성에 지장이 없다고 인정하는 도시·군계획사업에 한하여 이를 시행할 수 있다.

④ 시가화조정구역 안에서 농업·임업 또는 어업용 축사·잠실·퇴비사 등의 경미한 시설을 건축하는 경우에는 허가 없이도 설치가 가능하다.

⑤ 시가화조정구역 안에서의 입목의 벌채, 조림, 육림, 토석의 채취행위는 허가를 받아야 한다.

POINT 11 도시 · 군계획시설

	의 의	'도시 · 군계획시설'이라 함은 기반시설 중 도시 · 군관리계획으로 결정된 시설을 말한다.
도시 · 군계획시설	설치방법 원칙	지상 · 수상 · 공중 · 수중 또는 지하에 기반시설을 설치하려면 그 시설의 종류 · 명칭 · 위치 · 규모 등을 미리 도시 · 군관리계획으로 결정하여야 한다.
	예 외	도시 · 군관리계획으로 정하지 않고도 설치할 수 있는 시설은 다음과 같다. ① 도시지역 또는 지구단위계획구역에서 다음의 기반시설을 설치하고자 하는 경우 　㉠ 주차장 · 폐차장, 차량 검사 및 면허시설, 문화시설, 공공공지, 공공청사, 열공급설비, 방송 · 통신시설, 시장 · 공공필요성이 인정되는 체육시설 · 연구시설 · 사회복지시설 · 공공직업훈련시설 · 청소년수련시설 · 저수지 · 장사시설 · 종합의료시설 · 빗물저장 및 이용시설 　㉡ 점용허가대상이 되는 공원 안의 기반시설 　㉢ 그 밖에 국토교통부령으로 정하는 다음의 시설 　　• 공항 중 도심공항터미널　　• 여객자동차터미널중 전세버스운송사업용 여객자동차터미널 　　• 광장 중 건축물부설광장　　• 도축장 중 대지면적이 500제곱미터 미만인 도축장 　　• 폐기물처리 및 재활용시설 중 재활용시설 ② 도시지역 및 지구단위계획구역 외의 지역에서 다음의 기반시설을 설치하고자 하는 경우 　㉠ 위 ①의 ㉠ 및 ㉡의 기반시설　　㉡ 궤도 및 전기공급설비　　㉢ 그 밖에 국토교통부령이 정하는 시설

19 국토의 계획 및 이용에 관한 법령상 도시 · 군계획시설사업에 관한 설명으로 틀린 것은?

① 도시 · 군계획시설은 기반시설 중 도시 · 군관리계획으로 결정된 시설이다.

② 단계별 집행계획은 제1단계 집행계획과 제2단계 집행계획으로 구분하여 수립하되, 2년 이내에 시행하는 도시 · 군계획시설사업은 제1단계 집행계획에, 2년 후에 시행하는 도시 · 군계획시설사업은 제2단계 집행계획에 포함되도록 하여야 한다.

③ 한국토지주택공사는 도시 · 군계획시설사업 대상 토지소유자 동의 요건을 갖추지 않아도 도시 · 군계획시설사업의 시행자로 지정을 받을 수 있다.

④ 도시 · 군계획시설사업 실시계획에는 사업의 착수예정일 및 준공예정일도 포함되어야 한다.

⑤ 도시 · 군계획시설사업 실시계획 인가 내용과 다르게 도시 · 군계획시설사업을 하여 토지의 원상회복 명령을 받은 자가 원상회복을 하지 아니하면 행정대집행법에 따른 행정대집행에 따라 원상회복을 할 수 있다.

POINT 12 공동구

공동구의 설치의무	다음에 해당하는 지역·지구·구역 등이 200만m²를 초과하는 경우에는 해당 지역 등에서 개발사업을 시행하는 자(이하 '사업시행자')는 공동구 설치의무 ① 「도시개발법」에 따른 도시개발구역 ② 「택지개발촉진법」에 따른 택지개발지구 ③ 「경제자유구역의 지정 및 운영에 관한 특별법」에 따른 경제자유구역 ④ 「도시 및 주거환경정비법」에 따른 정비구역 ⑤ 공공주택지구 ⑥ 도청이전신도시
공동구의 수용의무	① 전선로 ② 통신선로 ③ 수도관 ④ 열수송관 ⑤ 중수도관 ⑥ 쓰레기수송관 ⑦ 가스관(공동구협의회의 심의를 거쳐 수용할 수 있음) ⑧ 하수도관(공동구협의회의 심의를 거쳐 수용할 수 있음)
공동구 설치비용부담 등	공동구의 설치에 필요한 비용은 이 법 또는 다른 법률에 특별한 규정이 있는 경우를 제외하고는 공동구 점용예정자와 사업시행자가 부담한다.
공동구의 관리·운영 등	공동구는 특별시장·광역시장·특별자치도지사·시장 또는 군수가 관리한다(지방공사 또는 지방공단 등의 기관에 그 관리·운영을 위탁 가능)
공동구의 안전 및 유지계획의 수립	공동구관리자는 5년마다 일정한 내용을 포함하는 해당 공동구의 안전 및 유지관리계획을 대통령령으로 정하는 바에 따라 수립·시행
공동구의 안전점검실시의무	공동구관리자는 대통령령으로 정하는 바에 따라 1년에 1회 이상 공동구의 안전점검을 실시

20 국토의 계획 및 이용에 관한 법령상 도시·군계획시설에 관한 설명으로 옳은 것은?

① 도시·군계획시설결정의 고시일부터 5년 이내에 도시·군계획시설사업이 시행되지 아니하는 경우 그 도시·군계획시설의 부지 중 지목이 대(垈)인 토지의 소유자는 그 토지의 매수를 청구할 수 있다.

② 도시개발구역의 규모가 150만m²인 경우 해당 구역의 개발사업시행자는 공동구를 설치하여야 한다.

③ 공동구가 설치된 경우 하수도관은 공동구협의회의 심의를 거쳐 공동구에 수용할 수 있다.

④ 공동구관리자는 매년 해당 공동구의 안전 및 유지관리 계획을 수립·시행하여야 한다.

⑤ 도시·군계획시설결정의 고시일부터 10년 이내에 도시·군계획시설사업이 시행되지 아니하는 경우 그 고시일부터 10년이 되는 날의 다음 날에 그 효력을 잃는다.

POINT ⟨13⟩ 도시·군계획시설사업 사업시행자의 보호조치

(1) 도시·군계획시설사업의 분할 시행 가능	사업시행대상지역을 둘 이상으로 분할하여 도시·군계획시설사업을 시행
(2) 관계서류의 무료열람 등	도시·군계획시설사업을 시행하기 위하여 필요하면 등기소나 그 밖의 관계 행정기관의 장에게 필요한 서류의 열람 또는 복사나 그 등본 또는 초본의 발급을 무료로 청구
(3) 공시송달의 특례인정	이해관계인에게 서류를 송달할 필요가 있으나 이해관계인의 주소 또는 거소가 불분명하거나 그 밖의 사유로 서류를 송달할 수 없는 경우에는 대통령령으로 정하는 바에 따라 그 서류의 송달을 갈음하여 그 내용을 공시할 수 있다.
(4) 토지 등의 수용 및 사용가능	① 수용·사용의 대상 　㉠ 원칙 : 도시·군계획시설사업의 시행자는 도시·군계획시설사업에 필요한 물건 또는 권리를 수용 또는 사용할 수 있다. 　㉡ 확장사용가능(인접토지 등의 사용권 - 인접토지 수용권은 허용되지 아니한다) : 도시·군계획시설에 인접한 토지·건축물 또는 그 토지에 정착된 물건이나 그 토지·건축물 또는 물건에 관한 소유권 외의 권리를 일시사용할 수 있다. ② 수용·사용의 절차적 특례 　㉠ 준용규정 : 수용 및 사용에 관하여는 이 법에 특별한 규정이 있는 경우 외에는 「공익사업을 위한 토지 등의 취득 및 보상에 관한 법률」을 준용 　㉡ 사업인정의 의제 : 「공익사업을 위한 토지 등의 취득 및 보상에 관한 법률」을 준용할 때에 제91조에 따른 실시계획을 고시한 경우에는 「공익사업을 위한 토지 등의 취득 및 보상에 관한 법률」 제20조 제1항과 제22조에 따른 사업인정 및 그 고시가 있었던 것으로 본다. 따라서 이 경우에도 별도의 사업인정절차를 거치지 아니하고도 수용처분을 할 수 있다.
(5) 타인토지 출입 등	① 비행정청인 시행자는 시장, 군수 등으로부터 허가 후 출입-7일 전 사전통지후 출입가능, 타인의 토지를 일시사용하거나 장애물을 변경 또는 제거하려는 경우는 3일 전 통지 ② 타인의 토지를 재료 적치장 또는 임시통로로 일시사용하거나 나무, 흙, 돌, 그 밖의 장애물을 변경 또는 제거하려는 자는 토지의 소유자·점유자 또는 관리인의 동의를 받아야 한다. ③ 일출 전이나 일몰 후에는 그 토지 점유자의 승낙 없이 택지나 담장 또는 울타리로 둘러싸인 타인의 토지에 출입할 수 없다. ④ 타인 토지의 출입 등의 행위로 인하여 손실을 입은 자가 있으면 그 행위자가 속한 행정청이나 도시·군계획시설사업의 시행자가 그 손실을 보상하여야 한다.

21 국토의 계획 및 이용에 관한 법령상 도시·군계획시설사업에 관한 설명 중 틀린 것은?

① 도시·군계획시설사업은 도시·군계획시설을 설치·정비 또는 개량하는 사업을 말한다.

② 행정청인 도시·군계획시설사업의 시행자가 도시·군계획시설사업에 의하여 새로 공공시설을 설치한 경우 새로 설치된 공공시설은 그 시설을 관리할 관리청에 무상으로 귀속된다.

③ 시행자는 도시·군계획시설사업에 필요한 토지·건축물 또는 그 토지에 정착된 물건을 수용 또는 사용할 수 있다.

④ 도시·군계획시설에 대한 도시·군관리계획결정의 고시가 있은 때에는 공익사업을 위한 토지 등의 취득 및 보상에 관한 법률에 의한 사업인정 및 그 고시가 있은 것으로 본다.

⑤ 국토교통부장관 또는 시·도지사는 시행자에게 기반시설에 필요한 용지확보 등의 조치를 할 것을 조건으로 실시계획을 인가할 수 있다.

POINT 14 도시·군계획시설부지의 매수청구제도

매수청구대상		도시·군계획시설에 대한 도시·군관리계획의 결정의 고시일부터 10년 이내에 그 도시·군계획시설의 설치에 관한 도시·군계획시설사업이 시행되지 아니하는 경우(실시계획의 인가나 그에 상당하는 절차가 진행된 경우는 제외한다) 그 도시·군계획시설의 부지로 되어 있는 토지 중 지목이 대(垈)인 토지(그 토지에 있는 건축물 및 정착물을 포함한다)의 소유자		
매수의무자	원칙	특별시장·광역시장·특별자치시장·특별자치도지사·시장 또는 군수		
	예외	① 이 법에 따라 해당 도시·군계획시설사업의 시행자가 정하여진 경우에는 그 시행자 ② 이 법 또는 다른 법률에 따라 도시·군계획시설을 설치하거나 관리하여야 할 의무가 있는 자가 있으면 그 의무가 있는 자. 이 경우 도시·군계획시설을 설치하거나 관리하여야 할 의무가 있는 자가 서로 다른 경우에는 설치하여야 할 의무가 있는 자		
매수 여부의 통지의무 등		① 매수의무자는 매수청구를 받은 날부터 6개월 이내에 매수 여부를 결정하여 토지소유자와 특별시장·광역시장·특별자치시장·특별자치도지사·시장 또는 군수(매수의무자가 특별시장·광역시장·특별자치시장·특별자치도지사·시장 또는 군수인 경우는 제외한다)에게 알려야 한다. ② 매수하기로 결정한 토지는 매수 결정을 알린 날부터 2년 이내에 매수하여야 한다.		
매수대금의 지급	원칙: 현금	매수대금은 현금으로 그 대금을 지급		
	예외 : 채권발행 (도시·군계획시설채권)	발행자	매수의무자가 지방자치단체인 경우에만 발행	
		발행요건	① 토지소유자가 원하는 경우 ② 부재부동산소유자의 토지 또는 비업무용 토지로서 매수대금이 3천만원을 초과하는 경우 그 초과하는 금액에 대하여 지급하는 경우	
		채권의 상환기간, 이율 및 조례 적용	① 도시·군계획시설채권의 상환기간은 10년 이내 ② 이율은 전국을 영업으로 하는 은행이 적용하는 1년 만기 정기예금금리의 평균 이상 ③ 구체적인 상환기간과 이율은 특별시·광역시·특별자치시·특별자치도·시 또는 군의 조례로 정함	
		지방재정법 적용 특례	도시·군계획시설채권의 발행절차 : 지방재정법이 정함	
매수가격·매수 절차 등의 특례		매수청구된 토지의 매수가격·매수절차 등 : 공익사업을 위한 토지 등의 취득 및 보상에 관한 법률의 규정을 준용		
규제의 완화		① 요건: 매수청구를 한 토지의 소유자는 매수하지 아니하기로 결정한 경우 또는 매수 결정을 알린 날부터 2년이 지날 때까지 해당 토지를 매수하지 아니하는 경우 ② 허가대상 ㉠ 단독주택으로서 3층 이하인 것 ㉡ 제1종 근린생활시설로서 3층 이하인 것 ㉢ 제2종 근린생활시설(단란주점·안마시술소, 노래연습장·다중생활시설은 제외)로서 3층 이하인 것 ㉣ 공작물		

22 국토의 계획 및 이용에 관한 법령상 매수의무자인 지방자치단체가 매수청구를 받은 장기미집행 도시·군계획시설 부지 중 지목이 대(垈)인 토지를 매수할 때에 관한 설명으로 옳은 것은?

① 토지소유자가 원하는 경우 지방자치단체인 매수의무자는 도시·군계획시설채권을 발행하여 그 대금을 지급할 수 있다.

② 매수청구를 받은 토지가 비업무용 토지인 경우 그 대금의 전부에 대하여 도시·군계획시설채권을 발행하여 지급하여야 한다.

③ 매수의무자는 매수청구를 받은 날부터 2년 이내에 매수 여부를 결정하여 토지소유자에게 알려야 한다.

④ 도시·군계획시설채권의 상환기간은 10년 이상 20년 이내로 한다.

⑤ 매수청구된 토지의 매수가격은 공시지가로 한다.

23 국토의 계획 및 이용에 관한 법령상 장기미집행 도시·군계획시설부지인 토지에 대한 매수청구에 관한 설명으로 틀린 것은?

① 해당 부지 중 지목(地目)이 대(垈)인 토지의 소유자는 매수의무자에게 그 토지의 매수를 청구할 수 있다.

② 매수청구된 토지의 매수가격·매수절차 등에 관하여 「국토의 계획 및 이용에 관한 법률」에 특별한 규정이 있는 경우 외에는 「공익사업을 위한 토지 등의 취득 및 보상에 관한 법률」을 준용한다.

③ 매수의무자가 매수하지 아니하기로 결정한 경우 매수청구자는 개발행위허가를 받아 3층의 제1종 근린생활시설을 건축할 수 있다.

④ 도시·군계획시설채권의 발행절차나 그 밖에 필요한 사항에 관하여 이 법에 특별한 규정이 있는 경우 외에는 특별시·광역시·특별자치시·특별자치도·시 또는 군의 조례로 정한다.

⑤ 지방자치단체인 매수의무자는 토지소유자가 원하는 경우 토지매수대금을 도시·군계획시설채권을 발행하여 지급할 수 있다.

POINT 15 지구단위계획구역의 지정대상

도시지역	임의적 지정대상	국토교통부장관, 시·도지사, 시장 또는 군수는 다음의 어느 하나에 해당하는 지역의 전부 또는 일부에 대하여 지구단위계획구역을 지정할 수 있다. ① 제37조에 따라 지정된 용도지구　　　② 「도시개발법」에 따라 지정된 도시개발구역 ③ 「도시 및 주거환경정비법」에 따라 지정된 정비구역　　④ 「택지개발촉진법」에 따라 지정된 택지개발지구 ⑤ 「주택법」에 따른 대지조성사업지구　　⑥ 「산업입지 및 개발에 관한 법률」의 산업단지와 준산업단지 ⑦ 「관광진흥법」에 따라 지정된 관광단지와 관광특구 ⑧ 개발제한구역·도시자연공원구역·시가화조정구역 또는 공원에서 해제되는 구역, 녹지지역에서 주거·상업·공업지역으로 변경되는 구역과 새로 도시지역으로 편입되는 구역 중 계획적인 개발 또는 관리가 필요한 지역
	의무적 지정대상 (정·택이 10년, 시·공 30만, 녹지 30만)	국토교통부장관, 시·도지사, 시장 또는 군수는 다음의 어느 하나에 해당하는 지역은 지구단위계획구역으로 지정하여야 한다. ① 정비구역 및 택지개발지구 등에서 시행되는 사업이 끝난 후 10년이 지난 지역 ② 시가화조정구역 또는 공원에서 해제되는 지역으로서 면적이 30만m² 이상인 지역. 다만, 녹지지역으로 지정 또는 존치되거나 법 또는 다른 법령에 의하여 도시·군계획사업 등 개발계획이 수립되지 아니하는 경우를 제외한다. ③ 녹지지역에서 주거지역·상업지역 또는 공업지역으로 변경되는 지역으로서 면적이 30만m² 이상인 지역
도시지역 외의 지역		① 지정하려는 구역 면적의 100분의 50 이상이 계획관리지역으로서 대통령령으로 정하는 일정한 요건에 해당하는 지역 ② 개발진흥지구로서 다음의 요건에 해당하는 지역 　㉠ 주거개발진흥지구, 복합개발진흥지구(주거기능이 포함된 경우에 한한다) 및 특정개발진흥지구: 계획관리지역 　㉡ 산업·유통개발진흥지구 및 복합개발진흥지구(주거기능이 포함되지 아니한 경우에 한한다): 계획관리지역·생산관리지역 또는 농림지역 　㉢ 관광·휴양개발진흥지구: 도시지역 외의 지역 ③ 용도지구를 폐지하고 그 용도지구에서의 행위제한 등을 지구단위계획으로 대체하려는 지역

POINT 16 지구단위계획의 내용(③,⑤는 의무적으로 포함되어야 함) 및 법적용의 완화대상

① 용도지역이나 용도지구를 대통령령으로 정하는 범위에서 세분하거나 변경하는 사항
② 기존의 용도지구를 폐지하고 그 용도지구에서의 건축물이나 그 밖의 시설의 용도·종류 및 규모 등의 제한을 대체하는 사항
③ 대통령령으로 정하는 일정한 기반시설의 배치와 규모(반드시 포함)
④ 도로로 둘러싸인 일단의 지역 또는 계획적인 개발·정비를 위하여 구획된 일단의 토지의 규모와 조성계획
⑤ 건축물의 용도제한, 건축물의 건폐율 또는 용적률, 건축물 높이의 최고한도 또는 최저한도(반드시 포함)
⑥ 건축물의 배치·형태·색채 또는 건축선에 관한 계획
⑦ 환경관리계획 또는 경관계획
⑧ 보행안전 등을 고려한 교통처리계획
⑨ 그 밖에 토지 이용의 합리화, 도시나 농·산·어촌의 기능 증진 등에 필요한 사항으로서 대통령령으로 정하는 사항

[지구단위계획에서의 법적용의 완화적용대상]

완화적용 대상	① 용도지역 및 용도지구별 건축제한과 건폐율 및 용적률 ② 대지 안의 조경 ③ 공개공지 ④ 대지와 도로와의 관계 ⑤ 건축물의 높이제한 및 일조 등의 확보를 위한 건축물의 높이제한) ⑥ 주차장설치기준
도시지역 내 지구단위계획구역에 서의 건폐율 등의 완화적용	① 공공시설 등의 부지를 제공하는 경우 건폐율의 완화비율: 해당 용도지역에 적용되는 건폐율×[1＋공공시설 등의 부지로 제공하는 면적(공공시설 등의 부지를 제공하는 자가 용도가 폐지되는 공공시설을 무상으로 양수받은 경우에는 그 양수받은 부지면적을 빼고 산정한다) ÷ 원래의 대지면적] 이내 ② 공공시설 등의 부지를 제공하는 경우 용적률의 완화비율: 해당 용도지역에 적용되는 용적률＋[1.5×(공공시설 등의 부지로 제공하는 면적 × 공공시설 등 제공 부지의 용적률) ÷ 공공시설 등의 부지 제공 후의 대지면적] 이내 ③ 지구단위계획구역의 지정목적이 다음에 해당하는 경우에는 지구단위계획으로 「주차장법」의 규정에 의한 주차장 설치기준을 100퍼센트까지 완화하여 적용할 수 있다. 　㉠ 한옥마을을 보존하고자 하는 경우 　㉡ 차 없는 거리를 조성하고자 하는 경우(지구단위계획으로 보행자전용도로를 지정하거나 차량의 출입을 금지한 경우를 포함한다) ④ 완화하여 적용되는 건폐율 및 용적률은 당해 용도지역 또는 용도지구에 적용되는 건폐율의 150퍼센트 및 용적률의 200퍼센트를 각각 초과할 수 없다.
도시지역 외 지구단위계획구역에 서의 건폐율 등의 완화적용	① 건폐율 및 용적률의 완화: 지구단위계획구역(도시지역 외에 지정하는 경우로 한정한다)에서는 지구단위계획으로 당해 용도지역 또는 개발진흥지구에 적용되는 건폐율의 150퍼센트 및 용적률의 200퍼센트 이내에서 건폐율 및 용적률을 완화하여 적용할 수 있다. ② 건축물의 용도·종류 및 규모 등의 완화: 지구단위계획구역에서는 지구단위계획으로 법 제76조의 규정에 의한 건축물의 용도·종류 및 규모 등을 완화하여 적용할 수 있다. 다만, 개발진흥지구(계획관리지역에 지정된 개발진흥지구를 제외한다)에 지정된 지구단위계획구역에 대하여는 아파트 및 연립주택은 허용되지 아니한다.

POINT 17 지구단위계획구역의 지정효과 및 실효

지구단위계획구역 안에서의 건축제한		지구단위계획구역에서 건축물을 건축(일정 기간 내 철거가 예상되는 공사용 가설건축물은 제외) 또는 용도변경하거나 공작물을 설치하려면 그 지구단위계획에 맞게 하여야 한다.
실 효	지구단위계획구역의 실효	지구단위계획구역의 지정에 관한 도시·군관리계획결정의 고시일부터 3년 이내에 그 지구단위계획구역에 관한 지구단위계획이 결정·고시되지 아니하면 그 3년이 되는 날의 다음 날에 효력 상실
	지구단위계획의 실효	지구단위계획(주민이 입안을 제안한 것에 한정한다)에 관한 도시·군관리계획결정의 고시일부터 5년 이내에 이 법 또는 다른 법률에 따라 허가·인가·승인 등을 받아 사업이나 공사에 착수하지 아니하면 그 5년이 된 날의 다음 날에 그 지구단위계획에 관한 도시·군관리계획결정은 효력을 잃는다. 이 경우 지구단위계획과 관련한 도시·군관리계획결정에 관한 사항은 해당 지구단위계획구역 지정 당시의 도시·군관리계획으로 환원된 것으로 본다.
	실효고시	국토교통부장관, 시·도지사, 시장 또는 군수는 지구단위계획구역 지정 및 지구단위계획 결정이 효력을 잃으면 관보나 시·도 또는 시·군의 공보에 게재하여 그 사실을 고시하여야 한다.

24 국토의 계획 및 이용에 관한 법령상 지구단위계획에 관한 설명으로 틀린 것은?

① 주민은 시장 또는 군수에게 지구단위계획구역의 지정에 관한 사항에 대하여 도시·군관리계획의 입안을 제안할 수 있다.

② 도시지역 내 지구단위계획구역의 지정목적이 한옥마을을 보존하고자 하는 경우 지구단위계획으로 주차장법에 의한 주차장 설치기준을 100퍼센트까지 완화하여 적용할 수 있다.

③ 시장 또는 군수가 입안한 지구단위계획구역의 지정·변경에 관한 도시·군관리계획은 시장 또는 군수가 직접 결정한다.

④ 지구단위계획구역 안에서는 용도지역 및 용도지구별 건축제한과 건폐율 및 용적률, 건축법상 대지의 분할제한 등의 규정을 지구단위계획이 정하는 바에 따라 완화하여 적용할 수 있다.

⑤ 지구단위계획구역의 지정에 관한 도시·군관리계획결정의 고시일부터 3년 이내에 그 지구단위계획구역에 관한 지구단위계획이 결정·고시되지 아니하면 그 3년이 되는 날의 다음날에 그 지구단위계획구역의 지정에 관한 도시·군관리계획결정은 효력을 잃는다.

25 국토의 계획 및 이용에 관한 법률상의 지구단위계획에 대한 설명으로 옳은 것은?

① 자연녹지지역에 지정된 10만m² 규모의 근린공원이 해제된 경우 당해지역은 지구단위계획구역으로 지정하여야 한다.

② 지구단위계획수립시에는 건축물의 용도제한, 건축물의 배치·형태·색채 또는 건축선에 관한 계획은 반드시 포함하여 수립하여야 한다.

③ 생산관리지역에 지정된 주거개발진흥지구는 지구단위계획을 수립하여 개발할 수 있다.

④ 도시지역 외에 지정된 지구단위계획구역에서는 지구단위계획으로 당해 용도지역 또는 개발진흥지구에 적용되는 건폐율의 200퍼센트 및 용적률의 150퍼센트 이내에서 건폐율 및 용적률을 완화하여 적용할 수 있다.

⑤ 지구단위계획수립을 통해서 복합개발진흥지구를 산업유통개발진흥지구로 변경할 수 있다.

POINT 18 개발행위허가 - 허가대상 및 허가예외 사항

허가대상 행위	허가의 예외 사유
1. 건축물의 건축: 「건축법」 제2조 제1항 제2호에 따른 건축물의 건축 2. 공작물의 설치: 인공을 가하여 제작한 시설물(「건축법」 제2조 제1항 제2호에 따른 건축물을 제외한다)의 설치 3. 녹지지역·관리지역 또는 자연환경보전지역 안에서 건축물의 울타리 안(적법한 절차에 의하여 조성된 대지에 한한다)이 아닌 토지에 물건을 1월 이상 쌓아 놓는 행위 4. 토지의 형질변경: 절토(땅깎기)·성토(흙쌓기)·정지(땅고르기)·포장 등의 방법으로 토지의 형상을 변경하는 행위와 공유수면의 매립(조성이 끝난 농지에서 농작물 재배, 농지의 지력 증진 및 생산성 향상을 위한 객토나 정지작업, 양수·배수시설 설치를 위한 토지의 형질변경으로서 다음 각 호의 어느 하나에 해당하지 않는 경작을 위한 형질변경은 제외). 　㉠ 인접토지의 관개·배수 및 농작업에 영향을 미치는 경우 　㉡ 재활용 골재, 사업장 폐토양, 무기성 오니 등 수질오염 또는 토질오염의 우려가 있는 토사 등을 사용하여 성토하는 경우. 다만, 「농지법 시행령」 제3조의2 제2호에 따른 성토는 제외한다. 　㉢ 지목의 변경을 수반하는 경우(전·답 사이의 변경은 제외한다) 　㉣ 옹벽 설치(제53조에 따라 허가를 받지 않아도 되는 옹벽 설치는 제외한다) 또는 2미터 이상의 절토·성토가 수반되는 경우. 다만, 절토·성토에 대해서는 2미터 이내의 범위에서 특별시·광역시·특별자치시·특별자치도·시 또는 군의 도시·군계획조례로 따로 정할 수 있다. 5. 토석채취: 흙·모래·자갈·바위 등의 토석을 채취하는 행위, 다만 토지의 형질변경을 목적으로 하는 것을 제외한다. 6. 토지분할(건축법 제57조의 규정에 의한 건축물이 있는 대지를 제외한다) 　① 녹지지역·관리지역·농림지역 및 자연환경보전지역 안에서 관계법령에 의한 허가·인가 등을 받지 아니하고 행하는 토지의 분할 　② 건축법 제57조 제1항의 규정에 의한 분할제한면적 미만으로의 토지분할 　③ 관계법령에 의한 허가·인가 등을 받지 아니하고 행하는 너비 5m 이하로의 토지의 분할 🔒 도시·군계획사업(다른 법률에 따라 도시·군계획사업을 의제한 사업을 포함한다)에 의한 행위는 허가를 별도로 받지 않는다. 🔒 개발행위허가는 허가를 받은 사항을 변경하는 경우에도 이를 준용한다. 다만, ① 사업기간을 단축하는 경우이거나 ② 부지면적 또는 건축물 연면적을 5퍼센트 범위안에서 축소하는 경미한 변경인 경우에는 그러하지 아니하다. 🔒 개발행위허가를 받은 자가 경미한 사항을 변경한 때에는 지체없이 그 사실을 특별시장·광역시장·특별자치시장·특별자치도지사·시장 또는 군수에게 통지하여야 한다.	1. 재해복구·재난수습을 위한 응급조치(1월 내 사후신고) 2. 건축법상의 건축신고대상 건축물의 증축·개축·재축과 이를 위한 토지의 형질변경 3. 기타 다음의 경미한 행위 　① 건축물의 건축: 건축법에 의한 건축허가 또는 건축신고대상에 해당하지 아니하는 건축물의 건축 　② 공작물의 설치 　　㉠ 도시지역 또는 지구단위계획구역에서 무게가 50톤 이하, 부피가 50m³ 이하, 수평투영면적이 50m² 이하인 공작물의 설치 　　㉡ 도시지역·자연환경보전지역 및 지구단위계획구역 외의 지역에서 무게가 150톤 이하, 부피가 150m³ 이하, 수평투영면적이 150m² 이하인 공작물의 설치 　　㉢ 녹지지역·관리지역 또는 농림지역 안에서의 농림어업용 비닐하우스(비닐하우스 안에 설치하는 육상어류양식장을 제외한다)의 설치 　③ 토지의 형질변경 　　㉠ 높이 50cm 이내 또는 깊이 50cm 이내의 절토·성토·정지 등(포장을 제외하며, 주거지역·상업지역 및 공업지역 외의 지역에서는 지목변경을 수반하지 아니하는 경우에 한한다) 　　㉡ 조성이 완료된 기존 대지에서의 건축물 그 밖의 공작물의 설치를 위한 토지의 굴착 　　㉢ 국가 또는 지방자치단체가 공익상의 필요에 의하여 직접 시행하는 사업을 위한 토지의 형질변경 　④ 토석채취 　　㉠ 도시지역 또는 지구단위계획구역에서 채취면적이 25m² 이하인 토지에서의 부피 50m³ 이하의 토석채취 　　㉡ 도시지역·자연환경보전지역 및 지구단위계획구역 외의 지역에서 채취면적이 250m² 이하인 토지에서의 부피 500m³ 이하의 토석채취 　⑤ 토지분할 　　㉠ 사도법에 의한 사도개설허가를 받아 분할하는 경우 　　㉡ 토지의 일부를 공공용지 또는 공용지로 하고자 하는 경우 　　㉢ 행정재산 중 용도폐지되는 부분을 분할하거나 일반재산을 매각·교환 또는 양여하기 위하여 토지를 분할하고자 하는 경우 　　㉣ 토지의 일부가 도시·군계획시설로 지형도면고시가 된 경우 　　㉤ 너비 5미터 이하로 이미 분할된 토지의 건축법 제57조 제1항의 규정에 의한 분할제한면적 이상으로의 분할 　⑥ 물건을 쌓아 놓는 행위 　　㉠ 녹지지역 또는 지구단위계획구역에서 면적이 25m² 이하인 토지에 전체무게 50톤 이하, 전체부피 50m³ 이하로 물건을 쌓는 행위 　　㉡ 관리지역에서 물건을 쌓아 놓는 면적이 250m² 이하인 토지에 전체무게 500톤 이하, 전체부피 500m³ 이하로 물건을 쌓아 놓는 행위

26 국토의 계획 및 이용에 관한 법령상 개발행위허가에 관한 설명으로 옳은 것은? (단, 조례는 고려하지 않음)

① 행정청이 아닌 자가 개발행위허가를 받아 새로 공공시설을 설치한 경우, 종래의 공공시설은 개발행위허가 받은 자에게 무상으로 양도할 수 있다.

② 토지의 일부가 도시·군계획시설로 지형도면고시가 된 당해 토지의 분할은 개발행위허가를 받아야 한다.

③ 국토교통부장관은 개발행위로 인하여 주변의 환경이 크게 오염될 우려가 있는 지역에서 개발행위허가를 제한하고자 하는 경우 중앙도시계획위원회의 심의를 거쳐야 한다.

④ 도시·군관리계획의 시행을 위한 「도시개발법」에 따른 도시개발사업에 의해 건축물을 건축하는 경우에는 개발행위허가를 받아야 한다.

⑤ 전·답 사이의 지목변경을 수반하는 경작을 위한 토지의 형질변경은 개발행위허가를 받아야 한다.

27 국토의 계획 및 이용에 관한 법령상 개발행위허가의 제한에 대한 설명 중 틀린 것은?

① 국토교통부장관, 시·도지사 또는 시장·군수는 도시·군관리계획상 필요하다고 인정되는 일정한 지역에 대하여 개발행위의 허가를 제한할 수 있다.

② 기반시설부담구역으로 지정된 지역에 대한 허가제한기간은 3년 이내이며, 1회에 한하여 3년 이내의 기간 동안 연장할 수 있다.

③ 녹지지역으로서 수목이 집단적으로 자라고 있는 지역에 대하여 개발행위허가를 제한할 수 있다.

④ 지구단위계획구역으로 지정된 지역은 개발행위허가를 최장 5년까지 제한할 수 있다.

⑤ 개발행위허가를 제한하고자 하는 경우에는 제한지역·제한사유·제한대상행위 및 제한기간을 미리 관보 또는 공보 및 해당 기관의 인터넷 홈페이지에도 게시하여야 한다.

명작공법

POINT 19 성장관리계획

성장관리계획구역의 지정	특별시장·광역시장·특별자치시장·특별자치도지사·시장 또는 군수는 녹지지역, 관리지역, 농림지역 및 자연환경보전지역 중 다음의 어느 하나에 해당하는 지역의 전부 또는 일부에 대하여 성장관리계획구역을 지정할 수 있다. ㉠ 개발수요가 많아 무질서한 개발이 진행되고 있거나 진행될 것으로 예상되는 지역 ㉡ 주변의 토지이용이나 교통여건 변화 등으로 향후 시가화가 예상되는 지역 ㉢ 주변지역과 연계하여 체계적인 관리가 필요한 지역 ㉣ 「토지이용규제 기본법」 제2조 제1호에 따른 지역·지구 등의 변경으로 토지이용에 대한 행위제한이 완화되는 지역 ㉤ 그 밖에 난개발의 방지와 체계적인 관리가 필요한 지역으로서 대통령령으로 정하는 지역
성장관리계획의 수립	특별시장·광역시장·특별자치시장·특별자치도지사·시장 또는 군수는 성장관리계획구역을 지정할 때에는 다음의 사항 중 그 성장관리계획구역의 지정목적을 이루는 데 필요한 사항을 포함하여 성장관리계획을 수립하여야 한다. ㉠ 도로, 공원 등 기반시설의 배치와 규모에 관한 사항 ㉡ 건축물의 용도제한, 건축물의 건폐율 또는 용적률 ㉢ 건축물의 배치, 형태, 색채 및 높이 ㉣ 환경관리 및 경관계획 ㉤ 그 밖에 난개발의 방지와 체계적인 관리에 필요한 사항으로서 대통령령으로 정하는 사항
건폐율 및 용적률의 완화	🔓 건폐율 완화 ㉠ 계획관리지역: 50퍼센트 이하 ㉡ 생산관리지역·농림지역 및 자연녹지지역과 생산녹지지역: 30퍼센트 이하 🔓 용적률 완화: 성장관리계획구역 내 계획관리지역에서는 제78조 제1항에도 불구하고 125퍼센트 이하의 범위에서 성장관리계획으로 정하는 바에 따라 특별시·광역시·특별자치시·특별자치도·시 또는 군의 조례로 정하는 비율까지 용적률을 완화하여 적용할 수 있다.
타당성 검토	5년마다 관할 구역 내 수립된 성장관리계획에 대하여 대통령령으로 정하는 바에 따라 그 타당성 여부를 전반적으로 재검토하여 정비

28 국토의 계획 및 이용에 관한 법령상 성장관리계획에 관한 설명으로 옳은 것은? (단, 조례, 기타 강화·완화조건은 고려하지 않음)

① 시장 또는 군수는 공업지역 중 향후 시가화가 예상되는 지역의 전부 또는 일부에 대하여 성장관리계획구역을 지정할 수 있다.

② 성장관리계획구역 내 생산녹지지역에서는 30퍼센트 이하의 범위에서 성장관리계획으로 정하는 바에 따라 건폐율을 완화하여 적용할 수 있다.

③ 성장관리계획구역 내 보전관리지역에서는 125퍼센트 이하의 범위에서 성장관리계획으로 정하는 바에 따라 용적률을 완화하여 적용할 수 있다.

④ 시장 또는 군수는 성장관리계획구역을 지정할 때에는 도시·군관리계획의 결정으로 하여야 한다.

⑤ 시장 또는 군수는 성장관리계획구역을 지정하려면 성장관리계획구역 안을 7일간 일반이 열람할 수 있도록 해야 한다.

POINT 20 개발밀도관리구역 및 기반시설부담구역

구 분	개발밀도관리구역	기반시설부담구역
목 적	'개발밀도관리구역'이라 함은 개발로 인하여 기반시설이 부족할 것이 예상되나 기반시설의 설치가 곤란한 지역을 대상으로 건폐율 또는 용적률을 강화하여 적용하기 위하여 지정하는 구역을 말한다(주거지역, 상업지역, 공업지역을 대상으로 함 - 녹지지역은 제외)	'기반시설부담구역'이란 개발밀도관리구역 외의 지역으로서 개발로 인하여 도로, 공원, 녹지 등 대통령령으로 정하는 기반시설의 설치가 필요한 지역을 대상으로 기반시설을 설치하거나 그에 필요한 용지를 확보하게 하기 위하여 지정·고시하는 구역
지정권자 및 절차	① 특별시장·광역시장·특별자치시장·특별자치도지사·시장 또는 군수 ② 지방도시계획위원회의 심의 후 지정	① 특별시장·광역시장·특별자치시장·특별자치도지사·시장 또는 군수 ② 주민의 의견을 들은 후 지방도시계획위원회의 심의
지정기준 및 대상 (국토부장관이 정함)	① 당해 지역의 도로서비스 수준이 매우 낮아 차량통행이 현저하게 지체되는 지역. 이 경우 도로서비스 수준의 측정에 관하여는 「도시교통정비 촉진법」에 따른 교통영향평가의 예에 따른다. ② 당해 지역의 도로율이 국토교통부령이 정하는 용도지역별 도로율에 20퍼센트 이상 미달하는 지역 ③ 향후 2년 이내에 당해 지역의 수도에 대한 수요량이 수도시설의 시설용량을 초과할 것으로 예상되는 지역 ④ 향후 2년 이내에 당해 지역의 하수발생량이 하수시설의 시설용량을 초과할 것으로 예상되는 지역 ⑤ 향후 2년 이내에 당해 지역의 학생수가 학교수용능력을 20퍼센트 이상 초과할 것으로 예상되는 지역	① 이 법 또는 다른 법령의 제정·개정으로 인하여 행위제한이 완화되거나 해제되는 지역 ② 이 법 또는 다른 법령에 따라 지정된 용도지역 등이 변경되거나 해제되어 행위제한이 완화되는 지역 ③ 개발행위허가 현황 및 인구증가율 등을 고려하여 특별시장·광역시장·특별자치시장·특별자치도지사·시장 또는 군수가 기반시설의 설치가 필요하다고 인정하는 다음의 지역 　㉠ 해당 지역의 전년도 개발행위허가 건수가 전전년도 개발행위허가 건수보다 20% 이상 증가한 지역 　㉡ 해당 지역의 전년도 인구증가율이 그 지역이 속하는 특별시·광역시·특별자치시·특별자치도·시 또는 군(광역시의 관할 구역에 있는 군은 제외한다)의 전년도 인구증가율보다 20% 이상 높은 지역 🔒 기반시설부담구역은 기반시설이 적절하게 배치될 수 있는 규모로서 최소 10만㎡ 이상의 규모가 되도록 지정할 것
지정 효과	용적률을 최대한도 50% 범위 안에서 강화	① 특별시장·광역시장·특별자치시장·특별자치도지사·시장 또는 군수는 기반시설부담구역이 지정되면 대통령령으로 정하는 바에 따라 기반시설설치계획을 수립하여야 하며, 이를 도시·군관리계획에 반영하여야 한다. ② 지구단위계획을 수립한 경우에는 기반시설설치계획을 수립한 것으로 본다.
실효 규정	규정없음	기반시설부담구역의 지정고시일부터 1년이 되는 날까지 기반시설설치계획을 수립하지 아니하면 그 1년이 되는 날의 다음 날에 기반시설부담구역의 지정은 해제
비용 부과	규정없음	① 「건축법」에 의한 건축물로서 200㎡(기존 건축물의 연면적을 포함한다)를 초과하는 건축물의 신·증축 행위 ② 기반시설설치비용은 현금, 신용카드 또는 직불카드로 납부하도록 하되, 부과대상 토지 및 이와 비슷한 토지로 하는 납부("물납")를 인정할 수 있다. ③ 특별시장·광역시장·특별자치시장·특별자치도지사·시장 또는 군수는 납부의무자가 국가 또는 지방자치단체로부터 건축허가를 받은 날부터 2개월 이내에 기반시설설치비용을 부과하여야 하고, 납부의무자는 사용승인신청시까지 이를 납부하여야 한다.

29 국토의 계획 및 이용에 관한 법령상 개발행위에 따른 기반시설의 설치에 관한 설명으로 틀린 것은? (단, 조례는 고려하지 않음)

① 개발밀도관리구역에서는 해당 용도지역에 적용되는 용적률의 최대한도의 50퍼센트 범위에서 강화하여 적용한다.

② 기반시설의 설치가 필요하다고 인정하는 지역으로서, 해당 지역의 전년도 개발행위허가 건수가 전전년도 개발행위허가 건수보다 20퍼센트 이상 증가한 지역에 대하여는 기반시설부담구역으로 지정하여야 한다.

③ 기반시설부담구역이 지정되면 기반시설설치계획을 수립하여야 하며, 이를 도시·군관리계획에 반영하여 한다.

④ 기반시설설치계획은 기반시설부담구역의 지정고시일부터 3년이 되는 날까지 수립하여야 한다.

⑤ 기반시설설치비용의 관리 및 운용을 위하여 기반시설부담구역별로 특별회계를 설치하여야 한다.

30 국토의 계획 및 이용에 관한 법령상 특별시의 기반시설부담구역에 관한 설명으로 틀린 것은?

① 기반시설부담구역이 지정되면 특별시장은 대통령령으로 정하는 바에 따라 기반시설설치계획을 수립해야 하며, 이를 도시·군관리계획에 반영하여야 한다.

② 기반시설부담구역의 지정은 해당 특별시에 설치된 지방도시계획위원회의 심의대상이다.

③ 특별시장은 향후 2년 이내에 당해 지역의 학생수가 학교수용능력을 20퍼센트 이상 초과할 것으로 예상되는 지역에 대하여는 이를 기반시설부담구역으로 지정하여야 한다.

④ 기반시설부담구역 안에서 기반시설설치비용의 부과대상인 건축행위는 단독주택 및 숙박시설 등 「건축법」에 의한 건축물로서 200m²(기존 건축물의 연면적을 포함한다)를 초과하는 건축물의 신·증축 행위로 한다.

⑤ 특별시장·광역시장·특별자치시장·특별자치도지사·시장 또는 군수는 납부의무자가 국가 또는 지방자치단체로부터 건축허가(다른 법률에 따른 사업승인 등 건축허가가 의제되는 경우에는 그 사업승인)를 받은 날부터 2개월 이내에 기반시설설치비용을 부과하여야 하고, 납부의무자는 사용승인 신청시까지 이를 내야 한다.

제 2 장 도시개발법

POINT 21 개발계획

수립권자		도시개발구역을 지정하는 자('지정권자')
수립시기	개발구역 지정 전 수립	① 도시개발구역을 지정하는 자('지정권자')는 도시개발구역을 지정하려면 해당 도시개발구역에 대한 도시개발사업의 계획('개발계획')을 수립하여야 한다. ② 또한 지정권자는 직접 또는 관계 중앙행정기관의 장 또는 시장(대도시 시장을 제외한다)·군수·구청장 또는 도시개발사업의 시행자의 요청을 받아 개발계획을 변경할 수 있다.
	개발구역 지정 후 수립가능	① 자연녹지지역 ② 생산녹지지역 ③ 도시지역 외의 지역 ④ 국토교통부장관이 국가균형발전을 위하여 관계 중앙행정기관의 장과 협의하여 도시개발구역으로 지정하고자 하는 지역(자연환경보전지역 제외) ⑤ 해당 도시개발구역에 포함되는 주거지역·상업지역·공업지역의 면적의 합계가 전체 도시개발구역 지정면적의 100분의 30 이하인 지역 🔒 개발계획을 공모하는 경우도 포함
개발계획의 내용		개발계획 중 다음의 네가지는 도시개발구역을 지정한 후에 개발계획에 포함시킬 수 있다. ① 도시개발구역 밖의 지역에 기반시설을 설치하여야 하는 경우에는 그 시설의 설치에 필요한 비용의 부담 계획 ② 수용(收用) 또는 사용의 대상이 되는 토지·건축물 또는 토지에 정착한 물건과 이에 관한 소유권 외의 권리, 광업권, 어업권, 물의 사용에 관한 권리(이하 '토지 등'이라 한다)가 있는 경우에는 그 세부목록 ③ 임대주택건설계획 등 세입자 등의 주거 및 생활 안정 대책 ④ 순환개발 등 단계적 사업추진이 필요한 경우 사업추진 계획 등에 관한 사항 🔒 지구단위계획은 개발계획에 포함되지 아니한다.
환지방식인 경우의 동의		① 환지방식이 적용되는 지역의 토지면적의 3분의 2 이상에 해당하는 토지 소유자와 그 지역의 토지 소유자 총수의 2분의 1 이상의 동의 ② 도시개발사업의 시행자가 국가나 지방자치단체인 경우에는 토지소유자의 동의를 받을 필요가 없다. ③ 구체적인 동의자 수 및 산정방법 　㉠ 도시개발구역의 토지면적을 산정하는 경우: 국공유지를 포함하여 산정할 것 　㉡ 토지 소유권을 여러 명이 공유하는 경우: 다른 공유자의 동의를 받은 대표 공유자 1명만을 해당 토지 소유자로 볼 것. 다만, 「집합건물의 소유 및 관리에 관한 법률」에 따른 구분소유자는 각각을 토지 소유자 1명으로 본다.
기본계획 등에 부합		광역도시계획이나 도시·군기본계획에 들어맞도록 하여야 한다.
복합기능을 갖는 도시규모		330만㎡ 이상인 도시개발구역에 관한 개발계획을 수립할 때에는 해당 구역 안에서 주거·생산·교육·유통·위락 등의 기능이 서로 조화를 이루도록 노력

POINT 22 개발구역의 지정 등

지정권자	① 시·도지사, 특별자치도지사 또는 대도시 시장 ② 개발구역이 2 이상의 시·도, 특별자치도 또는 대도시 시의 행정구역에 걸치는 경우: 시·도지사, 특별자치도지사, 대도시 시장의 협의하여 지정권자를 정함 ③ 국토교통부장관이 지정사유 　㉠ 국가가 도시개발사업을 실시할 필요가 있는 경우 　㉡ 관계 중앙행정기관의 장이 요청하는 경우 　㉢ 대통령령이 정하는 공공기관 또는 정부출연기관의 장이 30만m² 이상으로 도시개발구역의 지정을 제안하는 경우 　㉣ 시·도지사, 대도시 시장의 협의가 성립되지 아니하는 경우 　㉤ 천재지변 기타의 사유로 인하여 긴급히 도시개발사업이 필요한 경우 　🔒 도시개발구역을 둘 이상의 사업시행지구로 분할하거나 서로 떨어진 둘 이상의 지역을 결합하여 하나의 도시개발구역으로 지정할 수 있다.
지정요청	시장(대도시 시장 제외)·군수 또는 구청장은 시·도지사에게 도시개발구역의 지정을 요청
지정제안	① 국가 및 지방자치단체와 도시개발조합을 제외한 나머지 사업시행자는 국토교통부령이 정하는 서류를 특별자치도지사, 시장·군수·구청장에게 제출하여 특별자치도지사, 시장·군수 또는 구청장에게 도시개발구역의 지정을 제안 ② 토지소유자나 민간법인 및 기타 민간사업시행자가 도시개발구역의 지정을 제안하고자 하는 경우에는 대상구역의 토지면적의 3분의 2 이상에 해당하는 토지소유자(지상권자를 포함한다)의 동의 ③ 1개월 내 반영 여부의 통보(1개월 연장가능)

POINT 23 도시개발구역의 지정면적

도시지역 안	① 주거지역 및 상업지역: 1만m² 이상 ② 공업지역: 3만m² 이상 ③ 자연녹지지역: 1만m² 이상, 생산녹지지역: 1만m² 이상
도시지역 밖	30만m² 이상, 다만, 공동주택 중 아파트 또는 연립주택의 건설계획이 포함되는 경우로서 일정한 요건을 모두 갖춘 경우에는 10만m² 이상
지정 기준 면적의 예외	㉠「국토의 계획 및 이용에 관한 법률」의 규정에 의한 취락지구 또는 개발진흥지구로 지정된 지역 ㉡「국토의 계획 및 이용에 관한 법률」의 규정에 의한 지구단위계획구역으로 지정된 지역 ㉢ 국토교통부장관이 지역균형발전을 위하여 관계 중앙행정기관의 장과 협의하여 도시개발구역으로 지정하려는 지역(「국토의 계획 및 이용에 관한 법률」제6조 제4호에 따른 자연환경보전지역은 제외한다)

POINT 24 개발구역의 지정 효과

도시지역 및 지구단위계획구역의 의제	① 도시개발구역이 지정·고시된 경우 해당 도시개발구역은 「국토의 계획 및 이용에 관한 법률」에 의한 도시지역과 지구단위계획구역으로 결정되어 고시된 것으로 본다. ② 다만, 지구단위계획구역 및 취락지구로 지정된 지역인 경우에는 그러하지 아니하다.

행위허가대상 및 예외	🔒 허가대상(특별시장·광역시장, 특별자치도지사·시장 또는 군수의 허가 = 허가받은 사항을 변경하고자 하는 때에도 또한 같다)
	  ① 건축물의 건축 등: 「건축법」 제2조 제1항 제2호에 따른 건축물(가설건축물을 포함한다)의 건축, 대수선 또는 용도변경
	  ② 공작물의 설치: 인공을 가하여 제작한 시설물의 설치
	  ③ 토지의 형질변경: 절토·성토·정지·포장 등의 방법으로 토지의 형상을 변경하는 행위, 토지의 굴착 또는 공유수면의 매립
	  ④ 토석의 채취: 흙·모래·자갈·바위 등의 토석을 채취하는 행위. 다만, 토지의 형질변경을 목적으로 하는 것은 ③에 따른다.
	  ⑤ 토지분할
	  ⑥ 물건을 쌓아 놓는 행위: 옮기기 쉽지 아니한 물건을 1개월 이상 쌓아놓는 행위
	  ⑦ 죽목의 벌채 및 식재(植栽)
	🔒 허가의 예외
	  ① 재해복구 또는 재난수습을 위한 응급조치
	  ② 대통령령으로 정하는 다음의 경미한 행위
	    ㉠ 농림수산물의 생산에 직접 이용되는 것으로서 국토교통부령이 정하는 다음의 간이공작물의 설치
	      • 비닐하우스 • 양잠장 • 고추, 잎담배, 김 등 농림수산물의 건조장 • 버섯 재배사(栽培舍) • 종묘배양장 • 퇴비장 • 탈곡장
	    ㉡ 경작을 위한 토지의 형질변경
	    ㉢ 도시개발구역의 개발에 지장을 주지 아니하고 자연경관을 손상하지 아니하는 범위 안에서의 토석의 채취
	    ㉣ 도시개발구역 안에 남겨두기로 결정된 대지 안에서 물건을 쌓아 놓는 행위
	    ㉤ 관상용 죽목의 임시 식재(경작지에서의 임시 식재는 제외한다)

기득권 보호	허가를 받아야 하는 행위로서 도시개발구역의 지정·고시 당시 이미 관계 법령에 의하여 허가를 받았거나 허가를 받을 필요가 없는 행위에 관하여 그 공사나 사업에 착수한 자는 도시개발구역의 지정·고시가 있은 날부터 30일 이내에 신고

31 도시개발법령상 개발계획에 관한 설명으로서 틀린 것은?

① 지정권자는 환지방식의 도시개발사업에 대한 개발계획을 수립하려
면 환지방식이 적용되는 지역의 토지면적의 3분의 2 이상에 해당하
는 토지소유자와 그 지역의 토지소유자 총수의 2분의 1 이상의 동의
를 받아야 한다.

② 지정권자는 도시개발사업을 환지방식으로 시행하려고 개발계획을
수립하거나 변경할 때에 도시개발사업의 시행자가 국가나 지방자치
단체인 경우에는 토지소유자의 동의를 받을 필요가 없다.

③ 광역도시계획 또는 도시·군기본계획이 수립되어 있는 지역에 대하
여 개발계획을 수립하려면 개발계획의 내용이 해당 광역도시계획이
나 도시·군기본계획에 들어맞도록 하여야 한다.

④ 임대주택(민간임대주택 및 공공임대주택)건설계획 등 세입자 등의
주거 및 생활안정대책에 관한 내용은 도시개발구역 지정 전 개발계
획 수립시 포함하여야 한다.

⑤ 330만m² 이상인 도시개발구역에 관한 개발계획을 수립함에 있어서
는 당해 구역 안에서 주거, 생산, 교육, 유통, 위락 등의 기능이 상호
조화를 이루도록 하여야 한다.

POINT 25 도시개발구역의 지정의 해제

원칙적 해제 (개발구역 지정 전 개발계획수립인 경우)	① 도시개발구역이 지정·고시된 날부터 3년이 되는 날까지 도시개발사업에 관한 실시계획의 인가를 신청하지 아니하는 경우에는 그 3년이 되는 날의 다음 날에 해제 ② 도시개발사업의 공사완료(환지방식에 의한 사업인 경우에는 그 환지처분)의 공고일의 다음 날에 해제
예외적 해제 (개발구역 지정 후 개발계획수립인 경우)	① 도시개발구역이 지정·고시된 날부터 2년이 되는 날까지 개발계획을 수립·고시하지 아니하는 경우에는 그 2년이 되는 날의 다음 날에 해제, 다만 도시개발구역의 면적이 330만m² 이상인 경우에는 5년으로 한다. ② 개발계획을 수립·고시한 날부터 3년이 되는 날까지 실시계획의 인가를 신청하지 아니하는 경우에는 그 3년이 되는 날의 다음 날에 해제, 다만 도시개발구역의 면적이 330만m² 이상인 경우에는 5년으로 한다.
용도지역 등의 환원 등	① 도시개발구역의 지정이 해제의제된 때에는 도시개발구역 지정 전의 용도지역 또는 지역·지구·구역 등으로 환원 또는 폐지된 것으로 본다. ② 다만, 도시개발사업의 공사완료(환지방식인 경우에는 환지처분)에 의해 도시개발구역의 지정이 해제의제된 경우에는 그러하지 아니하다.

32 도시개발법령상 도시개발구역의 지정에 관한 설명으로 옳은 것은? (단, 특례는 고려하지 않음)

① 대도시시장은 직접 도시개발구역을 지정할 수 없고, 도지사에게 그 지정을 요청하여야 한다.

② 도시개발사업이 필요하다고 인정되는 지역이 둘 이상의 도의 행정구역에 걸치는 경우에는 해당 면적이 더 넓은 행정구역의 도지사가 도시개발구역을 지정하여야 한다.

③ 천재지변으로 인하여 도시개발사업을 긴급하게 할 필요가 있는 경우 국토교통부장관이 도시개발구역을 지정할 수 있다.

④ 도시개발구역의 총 면적이 1만제곱미터 미만인 경우 둘 이상의 사업시행지구로 분할하여 지정할 수 있다.

⑤ 자연녹지지역에서 도시개발구역을 지정한 이후 도시개발사업의 계획을 수립하는 것은 허용되지 아니한다.

POINT 26 도시개발사업의 시행자 지정 등

시행자 **(지정권자가** **지정)**	도시개발사업의 시행자는 지정권자(시·도지사, 대도시 시장 또는 국토교통부장관)가 이를 지정한다.

	① 국가나 지방자치단체
	② 대통령령으로 정하는 다음에 해당하는 공공기관
	   ㉠ 한국토지주택공사 ㉡ 한국수자원공사 ㉢ 한국농어촌공사 ㉣ 한국관광공사 ㉤ 한국철도공사
	③ 대통령령이 정하는 다음에 해당하는 정부출연기관
	   ㉠ 「한국철도시설공단법」에 따른 한국철도시설공단(역세권개발사업을 시행하는 경우에만 해당한다)
	   ㉡ 제주국제자유도시개발센터(제주특별자치도에서 개발사업을 하는 경우에만 해당한다)
	④ 「지방공기업법」에 따라 설립된 지방공사
	⑤ 도시개발구역의 토지소유자(수용 또는 사용 방식의 경우에는 도시개발구역의 국공유지를 제외한 토지면적의 3분의 2 이상을 소유한 자를 말한다)
	⑥ 도시개발구역의 토지소유자가 도시개발을 위하여 설립한 조합(도시개발사업의 전부를 환지방식으로 시행하는 경우에만 해당)
	⑦ 과밀억제권역에서 수도권 외의 지역으로 이전하는 법인 중 과밀억제권역의 사업 기간 등 대통령령으로 정하는 요건에 해당하는 법인
	⑧ 「주택법」에 따라 등록한 자 중 도시개발사업을 시행할 능력이 있다고 인정되는 자로서 대통령령으로 정하는 요건에 해당하는 자
	⑨ 「건설산업기본법」에 따른 토목공사업 또는 토목건축공사업의 면허를 받는 등 개발계획에 맞게 도시개발사업을 시행할 능력이 있다고 인정되는 자

환지방식인 경우의 특칙	도시개발구역의 전부를 환지방식으로 시행하는 경우에는 도시개발구역 안의 토지소유자 또는 조합을 시행자로 지정
지방자치단체 등의 시행사유	지정권자는 다음에 해당하는 사유가 있을 때에는 환지방식이라 하더라도 지방자치단체 등을 시행자로 지정할 수 있다. ① 토지소유자나 조합이 개발계획의 수립·고시일부터 1년 이내에 시행자 지정을 신청하지 아니한 경우 또는 지정권자가 신청된 내용이 위법하거나 부당하다고 인정한 경우 ② 지방자치단체의 장이 집행하는 공공시설에 관한 사업과 병행하여 시행할 필요가 있다고 인정한 경우 ③ 도시개발구역의 국공유지를 제외한 토지면적의 2분의 1 이상에 해당하는 토지소유자 및 토지소유자 총수의 2분의 1 이상이 지방자치단체 등의 시행에 동의한 경우
시행자의 **변경사유**	① 도시개발사업에 관한 실시계획의 인가를 받은 후 2년 이내에 사업을 착수하지 아니하는 경우 ② 행정처분에 의하여 시행자의 지정 또는 실시계획의 인가가 취소된 경우 ③ 시행자의 부도·파산 기타 이와 유사한 사유로 인하여 도시개발사업의 목적을 달성하기 어렵다고 인정되는 경우 ④ 시행자로 지정받은 토지소유자 또는 조합(환지방식인 경우의 특칙)이 도시개발구역의 지정고시일로부터 1년 이내에 도시개발사업에 관한 실시계획의 인가를 신청하지 아니하는 경우

33 도시개발법령의 규정에 의한 도시개발사업의 시행자에 관한 설명이다. 틀린 것은?

① 도시개발구역의 전부를 환지방식으로 시행하는 경우에는 토지소유자 또는 조합을 시행자로 지정한다.

② 지정권자는 토지소유자나 조합이 개발계획의 수립·고시일부터 1년 이내에 시행자 지정을 신청하지 아니한 경우 또는 지정권자가 신청된 내용이 위법하거나 부당하다고 인정한 경우에는 환지방식인 경우라도 지방자치단체나 한국토지주택공사 또는 지방공사를 시행자로 지정할 수 있다.

③ 토지소유자 또는 이들이 설립한 조합 등은 지정권자의 승인을 얻어 신탁업자와 대통령령이 정하는 바에 따라 신탁계약을 체결하여 도시개발사업을 시행할 수 있다.

④ 국가나 지방자치단체도 도시개발사업의 시행자가 될 수 있다.

⑤ 도시개발사업에 관한 실시계획의 인가를 받은 후 3년 이내에 사업에 착수하지 않은 경우에는 시행자를 변경할 수 있다.

POINT 27 도시개발조합

설립인가 등	인가권자	① 토지소유자 7명 이상이 정관을 작성하여 지정권자에게 설립인가 ② 조합의 정관작성에 관한 세부적인 기준은 특별시·광역시·도 또는 특별자치도(이하 '시·도'라 한다)의 조례로 정할 수 있다. ③ 변경인가 및 신고 : 조합의 주된 사무소의 소재지의 변경 등에 해당하는 경미한 사항을 변경하고자 하는 때에는 이를 신고하여야 한다.
	설립등기	설립인가를 받은 날부터 30일 이내에 등기함으로 성립

	인가신청 전 동의	① 인가신청시 당해 도시개발구역 안의 토지면적의 3분의 2 이상에 해당하는 토지소유자와 그 구역 안의 토지소유자 총수의 2분의 1 이상의 동의
		② 토지소유자는 조합 설립인가의 신청 전에 동의를 철회할 수 있다. 이 경우 그 토지소유자는 동의자 수에서 제외한다.
		🔒 구체적 산정방법
		  ① 도시개발구역의 토지면적을 산정하는 경우 : 국공유지를 포함하여 산정할 것
		  ② 토지 소유권을 여러 명이 공유하는 경우 : 다른 공유자의 동의를 받은 대표 공유자 1명만을 해당 토지 소유자로 볼 것. 다만, 「집합건물의 소유 및 관리에 관한 법률」에 따른 구분소유자는 각각을 토지 소유자 1명으로 본다.
		  ③ 공람·공고일 후에 「집합건물의 소유 및 관리에 관한 법률」에 따른 구분소유권을 분할하게 되어 토지 소유자의 수가 증가하게 된 경우 : 공람·공고일 전의 토지 소유자의 수를 기준으로 산정하고, 증가된 토지 소유자의 수는 토지 소유자 총수에 추가 산입하지 말 것
		  ④ 토지소유자는 조합 설립인가의 신청 전에 동의를 철회할 수 있다. 이 경우 그 토지소유자는 동의자 수에서 제외한다.

	조합의 법인격	비영리공익법인(민법 중 사단법인에 관한 규정 준용)
	조합원	도시개발구역 안의 토지소유자만 가능(지상권자 제외)
조합의 임원		① 조합의 임원은 의결권을 가진 조합원이어야 하고, 정관으로 정한 바에 따라 총회에서 선임한다. ② 조합장은 조합을 대표하고 그 사무를 총괄하며, 총회·대의원회 또는 이사회의 의장이 된다. ③ 이사는 정관이 정하는 바에 의하여 조합장을 보좌하며, 조합의 사무를 분장한다. ④ 조합의 임원은 그 조합의 다른 임원 또는 직원을 겸할 수 없으며, 같은 목적의 사업을 하는 다른 조합의 임원 또는 직원을 겸할 수도 없다.

조합임원의 결격사유		① 피성년후견인, 피한정후견인 또는 미성년자
		② 파산자로서 복권되지 아니한 자
		③ 금고 이상의 형의 선고를 받고 그 집행이 끝나거나 집행을 받지 아니하기로 확정된 후 2년이 지나지 아니한 자 또는 그 형의 집행유예기간 중에 있는 자
		  🔒 조합의 임원으로 선임된 자가 결격사유에 해당하게 된 때에는 그 다음 날부터 임원의 자격을 상실한다.
		  🔒 조합장 또는 이사의 자기를 위한 조합과의 계약이나 소송에 관하여는 감사가 조합을 대표한다.
		  🔒 조합의 임원은 같은 목적의 사업을 하는 다른 조합의 임원 또는 직원을 겸할 수 없으며, 또한 그 조합의 다른 임원 또는 직원을 겸할 수도 없다.
		  🔒 의결권을 가진 조합원의 수가 50인 이상인 조합은 총회의 권한을 대행하게 하기 위하여 대의원회를 둘 수 있다.
		  🔒 대의원회는 총회의 의결사항 중 ① 정관의 변경, ② 개발계획의 수립 및 변경, ③ 환지계획의 작성, ④ 조합임원의 선임, ⑤ 조합의 합병 및 해산에 관한 사항을 제외한 총회의 권한을 대행할 수 있다.

조합원의 경비부담	① 부과금의 부과기준(토지의 위치·지목·면적·이용상황·환경 기타의 사항을 종합적으로 고려) ② 연체료의 부과 ③ 징수의 위탁(100분의 4에 해당하는 금액의 지급)

34 도시개발법령상 도시개발사업 조합에 관한 설명으로 틀린 것은?

① 조합은 그 주된 사무소의 소재지에서 등기를 하면 성립한다.

② 주된 사무소의 소재지를 변경하려면 지정권자로부터 변경인가를 받아야 한다.

③ 조합 설립의 인가를 신청하려면 해당 도시개발구역의 토지 면적의 3분의 2 이상에 해당하는 토지 소유자와 그 구역의 토지 소유자 총수의 2분의 1 이상의 동의를 받아야 한다.

④ 조합의 조합원은 도시개발구역의 토지소유자로 한다.

⑤ 조합의 설립인가를 받은 조합의 대표자는 설립인가를 받은 날부터 30일 이내에 주된 사무소의 소재지에서 설립등기를 하여야 한다.

35 도시개발법령상 도시개발조합 및 조합원 등에 관한 설명으로 바르지 못한 것은?

① 조합이 인가를 받은 사항을 변경하고자 하는 때에는 지정권자로부터 변경인가를 받아야 한다. 다만, 주된 사무소의 소재지의 변경인 경우에는 신고하여야 한다.

② 의결권을 가진 조합원의 수가 100인 이상인 조합은 총회의 권한을 대행하게 하기 위하여 대의원회를 두어야 한다.

③ 조합의 임원으로 선임된 자가 임원의 결격사유에 해당하게 된 때에는 그 다음 날부터 임원의 자격을 상실한다.

④ 금고 이상의 형을 선고받고 그 집행이 끝나거나 집행을 받지 아니하기로 확정된 후 2년이 지나지 아니한 자는 조합임원이 될 수 없다.

⑤ 조합장 또는 이사의 자기를 위한 조합과의 계약이나 소송에 관하여는 감사가 조합을 대표하며, 조합의 임원은 같은 목적의 사업을 하는 다른 조합의 임원 또는 직원을 겸할 수 없다.

POINT 28 실시계획

① 시행자는 도시개발사업에 관한 실시계획을 작성하여야 한다. 이 경우 실시계획에는 지구단위계획이 포함되어야 한다.

② 이러한 실시계획은 개발계획에 맞게 작성하여야 한다.

③ 실시계획의 작성에 필요한 세부적인 사항은 국토교통부장관이 정한다.

④ 시행자(지정권자가 시행자인 경우를 제외한다)는 작성된 실시계획에 관하여 인가신청서에 국토교통부령으로 정하는 서류를 첨부하여 시장(대도시 시장은 제외한다)·군수 또는 구청장을 거쳐 지정권자에게 제출하여 인가를 받아야 한다.

⑤ 인가를 받은 실시계획을 변경하거나 폐지하는 경우에 준용한다. 다만, 다음의 경미한 사항을 변경하는 경우에는 그러하지 아니하다.
  • 사업시행지역의 변동이 없는 범위에서의 착오·누락 등에 따른 사업시행면적의 정정
  • 사업시행면적의 100분의 10의 범위에서의 면적의 감소
  • 사업비의 100분의 10의 범위에서의 사업비의 증감

⑥ 지정권자가 실시계획을 작성하거나 인가하는 경우 국토교통부장관인 지정권자는 시·도지사, 대도시 시장의 의견을, 시·도지사가 지정권자이면 시장(대도시 시장 제외)·군수 또는 구청장의 의견을 미리 들어야 한다.

36 도시개발법령상 도시개발사업의 실시계획에 관한 설명으로 틀린 것은?

① 지정권자가 실시계획을 작성하거나 인가하는 경우 국토교통부장관인 지정권자는 시·도지사, 대도시 시장의 의견을, 시·도지사가 지정권자이면 시장(대도시 시장 제외)·군수 또는 구청장의 의견을 미리 들어야 한다.

② 실시계획은 도시·군기본계획에 맞게 작성되어야 하고, 지구단위계획이 포함되어야 한다.

③ 실시계획을 고시한 경우 그 고시된 내용 중 「국토의 계획 및 이용에 관한 법률」에 따라 도시·군관리계획(지구단위계획을 포함한다)으로 결정하여야 하는 사항은 같은 법에 따른 도시·군관리계획이 결정되어 고시된 것으로 본다. 이 경우 종전에 도시·군관리계획으로 결정된 사항 중 고시 내용에 저촉되는 사항은 고시된 내용으로 변경된 것으로 본다.

④ 실시계획의 인가에 의해 주택법에 따른 사업계획의 승인은 의제될 수 있다.

⑤ 지정권자가 아닌 시행자가 실시계획의 인가를 받은 후, 사업비의 100분의 10의 범위에서 사업비를 증액하는 경우 지정권자의 변경인가를 받지 않아도 된다.

POINT 29 개발사업을 위한 토지 등의 수용 또는 사용

수용주체	조합을 제외한 사업시행자	
민간시행자의 동의요건	토지소유자, 민간법인, 등록사업자 등의 민간사업시행자는 사업대상 토지면적의 3분의 2 이상에 해당하는 토지를 소유하고 토지소유자 총수의 2분의 1 이상에 해당하는 자의 동의를 얻어야 한다.	
「공익사업을 위한 토지 등의 취득 및 보상에 관한 법률」을 준용	토지 등의 수용 또는 사용에 관하여 이 법에 특별한 규정이 있는 경우를 제외하고는 「공익사업을 위한 토지 등의 취득 및 보상에 관한 법률」을 준용	
수용·사용의 특례	사업인정의 의제	「공익사업을 위한 토지 등의 취득 및 보상에 관한 법률」을 준용함에 있어서 수용 또는 사용의 대상이 되는 토지의 세부목록을 고시한 경우에는 「공익사업을 위한 토지 등의 취득 및 보상에 관한 법률」 제20조 제1항과 제22조에 따른 사업인정 및 그 고시가 있었던 것으로 본다.
	재결신청기간의 연장	다만, 재결신청은 「공익사업을 위한 토지 등의 취득 및 보상에 관한 법률」 제23조와 제28조의 규정(사업인정 후 1년 이내)에 불구하고 개발계획에서 정한 도시개발사업의 시행기간 종료일까지 행하여야 한다.

POINT 30 토지상환채권

발행자	시행자는 토지소유자가 원하면 토지 등의 매수대금의 일부를 지급하기 위하여 그 토지상환채권으로 상환할 토지·건축물이 해당 도시개발사업으로 조성되는 분양토지 또는 분양건축물 면적의 2분의 1을 초과하지 아니하는 범위 안에서 사업시행으로 조성된 토지·건축물로 상환하는 채권('토지상환채권')을 발행할 수 있다.
발행의 보증	민간시행자는 「은행법」에 의한 은행과 「보험업법」에 의한 보험회사 등으로부터 지급보증을 받은 경우에만 이를 발행가능
발행전의 승인	시행자(지정권자가 시행자인 경우를 제외한다)는 토지상환채권을 발행하려면 토지상환채권의 발행계획을 작성하여 미리 지정권자의 승인을 얻어야 한다.
발행의 조건 등	① 토지상환채권의 이율은 발행당시의 은행의 예금금리 및 부동산 수급상황을 고려하여 발행자가 정한다. ② 토지상환채권은 기명식 증권으로 한다.
채권의 이전	토지상환채권을 이전하는 경우 취득자는 그 성명과 주소를 토지상환채권원부에 기재하여 줄 것을 요청하여야 하며, 취득자의 성명과 주소가 토지상환채권에 기재되지 아니하면 취득자는 발행자 및 기타 제3자에게 대항하지 못한다.

37 도시개발법령상 「지방공기업법」에 따라 설립된 지방공사가 단독으로 토지 상환채권을 발행하는 경우에 관한 설명으로 옳은 것은?

① 「은행법」에 따른 은행으로부터 지급보증을 받은 경우에만 토지상환 채권을 발행할 수 있다.

② 토지상환채권의 발행규모는 그 토지상환채권으로 상환할 토지·건 축물이 해당 도시개발사업으로 조성되는 분양토지 또는 분양건축물 면적의 2분의 1을 초과하지 아니하도록 하여야 한다.

③ 토지상환채권은 이전할 수 없다.

④ 토지가격의 추산방법은 토지상환채권의 발행계획에 포함되지 않는다.

⑤ 토지 등의 매수대금 일부의 지급을 위하여 토지상환채권을 발행할 수 없다.

POINT 31 원형지 공급과 개발

원형지의 공급	시행자는 도시를 자연친화적으로 개발하거나 복합적·입체적으로 개발하기 위하여 필요한 경우에는 미리 지정권자의 승인을 받아 원형지를 공급하여 개발하게 할 수 있다.
원형지의 공급면적	공급될 수 있는 원형지의 면적은 도시개발구역 전체 토지 면적의 3분의 1 이내로 한정한다.
원형지의 공급가격결정	원형지 공급가격은 개발계획이 반영된 원형지의 감정가격에 시행자가 원형지에 설치한 기반시설 등의 공사비를 더한 금액을 기준으로 시행자와 원형지개발자가 협의하여 결정한다.
원형지의 매각금지	원형지개발자(국가 및 지방자치단체는 제외한다)는 10년의 범위에서 대통령령으로 정하는 기간(원형지에 대한 공사완료 공고일로부터 5년 또는 원형지 공급계약일로부터 10년) 안에는 원형지를 매각할 수 없다.
원형지개발자의 선정방법	① 국가 또는 지방자치단체(수의계약공급) ② 「공공기관의 운영에 관한 법률」에 따른 공공기관(수의계약공급) ③ 「지방공기업법」에 따라 설립된 지방공사(수의계약공급) ④ 국가 또는 지방자치단체가 복합개발 등을 위하여 실시한 공모에서 선정된 자(수의계약공급) ⑤ 원형지를 학교나 공장 등의 부지로 직접 사용하는 자(경쟁입찰방법-2회 이상 유찰시 수의계약의 방법으로 공급)

38 도시개발법령상 원형지 공급 등에 관한 설명으로 틀린 것은?

① 시행자는 지정권자의 승인을 받아 국가 또는 지방자치단체, 공공기관, 지방공사 등에게 원형지를 공급하여 개발하게 할 수 있다.

② 원형지 공급가격은 개발계획이 반영된 원형지의 감정가격에 시행자가 원형지에 설치한 기반시설 등의 공사비를 더한 금액을 기준으로 시행자와 원형지개발자가 협의하여 결정한다.

③ 공급될 수 있는 원형지의 면적은 도시개발구역 전체 토지면적의 2분의 1 이내로 한정한다.

④ 원형지개발자(국가 및 지방자치단체는 제외한다)는 원형지에 대한 공사완료 공고일부터 5년 또는 원형지 공급 계약일부터 10년 중 먼저 끝나는 기간 안에는 원형지를 매각할 수 없다.

⑤ 원형지를 학교나 공장 등의 부지로 직접 사용하는 자에 해당하는 경우에는 원형지개발자의 선정은 경쟁입찰의 방식으로 하며, 경쟁입찰이 2회 이상 유찰된 경우에는 수의계약의 방법으로 할 수 있다.

POINT 32 조성토지 등의 공급

조성토지 등의 공급계획의 제출	시행자(지정권자가 시행자인 경우는 제외한다)는 조성토지 등을 공급하려고 할 때에는 조성토지 등의 공급 계획을 작성하여야 하며, 지정권자가 아닌 지정권자가 아닌 시행자는 작성된 조성토지 등의 공급계획에 대하여 지정권자의 승인을 받아야 한다.
구체적 공급의 원칙	① 시행자는 조성토지 등을 실시계획(지구단위계획을 포함한다)에 따라 공급하여야 한다. ② 시행자는 기반시설의 원활한 설치를 위하여 필요하면 공급대상자의 자격을 제한하거나 공급조건을 부여할 수 있다.
경쟁입찰의 방법(원칙)	조성토지 등의 공급은 경쟁입찰의 방법에 따른다.
추첨의 방법	① 「주택법」에 따른 국민주택규모 이하의 주택건설용지 ② 「주택법」에 따른 공공택지 ③ 330m^2 이하의 단독주택용지 및 공장용지(3택지 1공장)
수의계약의 방법	① 학교용지, 공공청사용지 등 일반에게 분양할 수 없는 공공용지를 국가, 지방자치단체, 그 밖의 법령에 따라 해당 시설을 설치할 수 있는 자에게 공급하는 경우 ② 토지상환채권에 의하여 토지를 상환하는 경우
조성토지 등의 가격평가	① 조성토지 등의 가격평가는 감정가격으로 한다. ② 시행자는 학교, 폐기물처리시설, 사회복지시설(행정기관 및 사회복지법인이 설치하는 사회복지시설), 임대주택 그 밖에 대통령령으로 정하는 시설을 설치하기 위한 조성토지 등과 이주단지의 조성을 위한 토지를 공급하는 경우에는 해당 토지의 가격을 감정평가법인 등이 감정평가한 가격 이하로 정할 수 있다.

39 도시개발법령상 조성토지 등의 공급에 관한 설명으로 옳은 것은?

① 지정권자가 아닌 시행자가 조성토지 등을 공급하려고 할때에는 조성토지 등의 공급계획을 작성하여 국토교통부장관의 승인을 받아야 한다.

② 조성토지 등을 공급하려고 할 때 「주택법」에 따른 공공택지의 공급은 추첨의 방법으로 분양할 수 없다.

③ 조성토지 등의 가격 평가는 「감정평가 및 감정평가사에 관한 법률」에 따른 감정평가법인 등이 평가한 금액을 산술평균한 금액으로 한다.

④ 공공청사용지를 지방자치단체에게 공급하는 경우에는 수의계약의 방법으로 할 수 없다.

⑤ 토지상환채권에 의하여 토지를 상환하는 경우에는 수의계약의 방법으로 할 수 없다.

 **환지계획**

작성권자	도시개발사업의 시행자가 작성
내 용	① 환지설계(환지설계에는 축척 1천2백분의 1 이상의 환지예정지도, 환지전후대비도, 과부족면적표시도 및 환지전후 평가단가 표시도가 첨부되어야 한다) : 환지설계는 평가식(도시개발사업 시행 전후의 토지의 평가가액에 비례하여 환지를 결정하는 방법을 말한다)을 원칙으로 하되, 환지지정으로 인하여 토지의 이동이 경미하거나 기반시설의 단순한 정비 등의 경우에는 면적식(도시개발사업 시행 전의 토지 및 위치를 기준으로 환지를 결정하는 방식을 말한다)을 적용할 수 있다. 이 경우 하나의 환지계획구역에서는 같은 방식을 적용하여야 하며, 입체 환지를 시행하는 경우에는 반드시 평가식을 적용하여야 한다. ② 필지별로 된 환지명세 ③ 필지별과 권리별로 된 청산대상 토지명세 ④ 체비지(替費地) 또는 보류지(保留地)의 명세 ⑤ 입체환지를 계획하는 경우에는 입체 환지용 건축물의 명세와 입체환지에 따른 공급 방법·규모에 관한 사항 ⑥ 기타 국토교통부령이 정하는 다음의 사항
작성기준 등	① 적응환지 : 환지계획은 종전 토지 및 환지의 '위치·지목·면적·토질·수리·이용상황·환경 기타의 상황'을 종합적으로 고려 ② 용도폐지될 국·공유지 등에 대한 환지의 부지정 : 시행자가 도시개발사업의 시행으로 국가 또는 지방자치단체가 소유한 공공시설과 대체되는 공공시설을 설치하는 경우 종전의 공공시설의 전부 또는 일부의 용도가 폐지되거나 변경되어 사용하지 못하게 될 토지는 환지를 정하지 아니하며, 이를 다른 토지에 대한 환지의 대상으로 하여야 한다. ③ 신청 또는 동의에 의한 환지부지정(임차권자 등의 동의가 필요) : 토지소유자가 신청하거나 동의하면 해당 토지의 전부 또는 일부에 대하여 환지를 정하지 아니할 수 있다. 다만, 해당 토지에 관하여 임차권자 등이 있는 경우에는 그 동의를 받아야 한다. ④ 시행자는 토지 면적의 규모를 조정할 특별한 필요가 있으면 면적이 작은 토지는 과소(過小) 토지가 되지 아니하도록 면적을 늘려[증환지(增換地)] 환지를 정하거나 환지 대상에서 제외할 수 있고, 면적이 넓은 토지는 그 면적을 줄여서[감환지(減換地)] 환지를 정할 수 있다. ⑤ 입체환지(立體換地) 　ㄱ 시행자는 도시개발사업을 원활히 시행하기 위하여 특히 필요한 경우에는 토지 소유자의 신청을 받아 환지의 목적인 토지를 갈음하여 시행자에게 처분할 권한이 있는 건축물의 일부와 그 건축물이 있는 토지의 공유지분을 부여할 수 있다. 　ㄴ 입체환지의 신청기간은 토지 소유자(건축물 소유자를 포함한다)에게 통지한 날부터 30일 이상 60일 이하로 하여야 한다(20일의 범위에서 연장가능) 　ㄷ 다만, 토지 또는 건축물이 입체환지를 신청하는 자의 종전 소유 토지 및 건축물의 권리가액이 도시개발사업으로 조성되는 토지에 건축되는 구분건축물의 최소 공급 가격의 100분의 70 이하인 경우에는 신청대상에서 제외할 수 있다. 다만, 환지 전 토지에 주택을 소유하고 있던 토지 소유자는 권리가액과 관계없이 입체환지를 신청할 수 있다.
체비지 및 보류지의 지정	시행자는 도시개발사업에 필요한 경비에 충당하거나 규약·정관·시행규정 또는 실시계획이 정하는 목적을 위하여 일정한 토지를 환지로 정하지 아니하고 보류지로 정할 수 있으며, 그 중 일부를 체비지로 정하여 도시개발사업에 필요한 경비에 충당할 수 있다.
환지계획의 인가권자	행정청이 아닌 시행자인 경우에는 환지계획을 작성한 때에는 특별자치도지사, 시장·군수 또는 구청장의 인가를 받아야 한다. 또한 인가받은 내용을 변경하고자 하는 경우에 관하여 이를 준용한다. 다만, 토지 또는 건축물 소유자(체비지인 경우에는 시행자 또는 체비지 매수자를 말한다)의 동의에 따라 환지 계획을 변경하는 경우와 환지로 지정된 토지나 건축물을 금전으로 청산하는 경미한 변경인 경우에는 변경인가를 받지 아니한다.

40 도시개발법령상 도시개발사업에 있어서 환지계획과 관련된 설명 중 틀린 것은?

① 행정청이 아닌 시행자가 환지계획을 작성하는 때에는 지정권자에게 인가를 받아야 한다.

② 환지로 지정된 토지나 건축물을 금전으로 청산하는 내용으로 환지계획을 변경하는 경우에는 신고하여야 한다.

③ 토지소유자의 신청 또는 동의가 있는 때에는 당해 토지의 전부 또는 일부에 대하여 환지를 정하지 아니할 수 있다. 다만, 당해 토지에 관하여 임차권자 등이 있는 때에는 그 동의를 얻어야 한다.

④ 시행자는 환지방식이 적용되는 도시개발구역에 있는 조성토지 등의 가격을 평가할 때에는 토지평가협의회의 심의를 거쳐 결정하되, 그에 앞서 공인평가기관(감정평가업자)으로 하여금 평가하게 하여야 한다.

⑤ 시행자는 도시개발사업에 필요한 경비를 충당하기 위하여 일정한 토지를 체비지로 정할 수 있다.

POINT 34 평균 토지부담률 : 토지소유자가 도시개발사업을 위하여 부담하는 토지의 비율

① 환지계획구역의 평균 토지부담률은 50퍼센트를 초과할 수 없다. 다만, 해당 환지계획구역의 특성을 고려하여 지정권자가 인정하는 경우에는 60퍼센트까지로 할 수 있으며, 환지계획구역의 토지 소유자 총수의 3분의 2 이상이 동의(시행자가 조합인 경우에는 총회에서 의결권 총수의 3분의 2 이상이 동의한 경우를 말한다)하는 경우에는 60퍼센트를 초과하여 정할 수 있다.

② 환지계획구역의 평균 토지부담률은 다음의 계산식에 의하여 산정한다.

$$\frac{\text{보류지면적} - \text{시행자에게 무상귀속되는 공공시설의 면적과 시행자가 소유하는 토지(조합이 아닌 시행자가 환지를 지정받을 목적으로 소유한 토지는 제외한다)}}{\text{환지계획구역면적} - \text{시행자에게 무상귀속되는 공공시설의 면적과 시행자가 소유하는 토지(조합이 아닌 시행자가 환지를 지정받을 목적으로 소유한 토지는 제외한다)}} \times 100$$

41 도시개발법령상 다음 조건에서 환지계획구역의 평균 토지부담률은?

> • 환지계획구역 면적 : 120만m²
> • 보류지 면적 : 60만m²
> • 체비지 면적 : 30만m²
> • 시행자에게 무상귀속되는 공공시설 면적 : 20만m²
> • 청산 대상 토지 면적 : 10만m²

① 10퍼센트   ② 25퍼센트
③ 40퍼센트   ④ 50퍼센트
⑤ 60퍼센트

POINT 35 환지예정지 지정

임의적 지정		① 시행자는 도시개발사업의 시행을 위하여 필요하면 도시개발구역의 토지에 대하여 환지예정지를 지정할 수 있다. ② 이 경우 종전의 토지에 대한 임차권자 등이 있으면 해당 환지예정지에 대하여 해당 권리의 목적인 토지 또는 그 부분을 아울러 지정하여야 한다.
지정효과	종전 토지에 대한 사용·수익권의 이동	환지예정지가 지정되면 종전의 토지의 소유자와 임차권자 등은 환지예정지 지정의 효력발생일부터 환지처분이 공고되는 날까지 환지예정지나 해당 부분에 대하여 종전과 같은 내용의 권리를 행사할 수 있으며 종전의 토지는 사용하거나 수익할 수 없다.
	환지예정지 종전 소유자 등의 수인의무	환지예정지 지정의 효력이 발생하거나 환지예정지의 사용 또는 수익을 개시하는 때에 당해 환지예정지의 종전의 토지소유자 또는 임차권자 등은 환지예정지 지정의 효력발생일부터 환지처분의 공고가 있는 날까지 또는 별도로 정한 사용 또는 수익개시일로부터 환지처분공고일까지 종전의 토지를 사용·수익할 수 없으며, 그 토지를 환지예정지로 지정받은 자의 사용·수익행위를 방해할 수 없다.
	체비지의 사용·수익·처분가능	체비지에 관하여 환지예정지가 지정된 때에는 시행자는 도시개발사업의 비용을 충당하기 위하여 이를 사용 또는 수익하게 하거나 이를 처분할 수 있다.
	임료·지료의 증감청구·계약의 해지 또는 권리의 포기	① 권리의 조정(용익권자 보호): 환지예정지의 지정으로 종전의 임대료·지료, 그 밖의 사용료 등이 불합리하게 되면 당사자는 계약 조건에도 불구하고 장래에 관하여 그 증감을 청구할 수 있다. 증감청구를 받은 상대방은 권리를 포기하거나 계약을 해지하여 그 의무를 면할 수 있다. ② 권리의 포기·계약의 해지: 환지예정지의 지정으로 지역권 또는 임차권 등을 설정한 목적을 달성할 수 없게 되면 당사자는 해당 권리를 포기하거나 계약을 해지하고 시행자에게 손실보상을 청구할 수 있다. 또한 시행자가 권리를 포기하거나 계약을 해지한 자에게 손실을 보상한 시행자는 해당 토지 또는 건축물의 소유자 또는 그로 인하여 이익을 얻는 자에게 이를 구상(求償)할 수 있다. ③ 이러한 임료·지료의 증감청구·계약의 해지 또는 권리의 포기는 환지예정지 지정의 효력발생일로부터 60일이 지나면 권리를 포기하거나 계약을 해지할 수 없다.
사용·수익할 자가 없게 된 토지의 관리		환지예정지의 지정이나 사용 또는 수익의 정지처분으로 이를 사용하거나 수익할 수 있는 자가 없게 된 토지 또는 해당 부분은 환지예정지의 지정일이나 사용 또는 수익의 정지처분이 있은 날부터 환지처분을 공고한 날까지 시행자가 관리한다.

42 도시개발법령상 환지예정지의 지정에 관한 설명이다. 틀린 것은?

① 종전에 토지에 관한 임차권자는 환지예정지 지정의 효력발생일부터 환지처분의 공고가 있는 날까지 환지예정지에 대하여 종전과 동일한 내용의 권리를 행사할 수 있다.

② 종전의 토지에 대해 임차권자 등이 있는 경우에는 당해 환지예정지에 대하여 해당 권리의 목적인 토지 또는 그 부분을 아울러 지정하여야 한다.

③ 환지예정지를 사용·수익할 수 있는 기간은 환지예정지 지정의 효력발생일로부터 환지처분의 공고가 있는 날의 다음 날까지이다.

④ 시행자는 체비지의 용도로 환지예정지가 지정된 경우에는 사업비용에 충당하기 위해 이를 사용·수익·처분할 수 있다.

⑤ 도시개발사업에 있어서 임차권의 목적인 토지에 관하여 환지예정지가 지정되어 임대차의 목적을 달성할 수 없게 된 때 당사자는 권리의 포기 등을 할 수 있는 바, 권리포기로 인한 손실은 당해 사업시행자에게 그 보상을 청구할 수 있다.

POINT 36 환지처분

환지처분의 절차	공사완료의 공고(시행자) ⇨ 공사관계서류의 공람(14일 이상 공람) ⇨ 의견제출 ⇨ 준공검사신청 및 공사완료공고(지정권자) ⇨ 환지처분 및 환지처분 공고(시행자)		
환지처분의 시기	시행자는 지정권자에 의한 준공검사를 받은 경우(지정권자가 시행자인 경우에는 공사 완료 공고가 있는 때)에는 60일 이내에 환지처분		
환지처분의 효과	**원칙 : 권리변동의 효과**	환지처분의 공고가 있으면 환지계획에서 정하여진 환지는 환지처분공고일의 다음 날부터 종전의 토지로 본다. 다만, 환지계획에서 환지를 정하지 아니한 종전의 토지에 있던 권리는 그 환지처분이 공고된 날이 끝나는 때에 소멸한다.	
	예외적 효과 (종전토지에 존속하는 경우)	① 행정상 또는 재판상 처분으로서 종전의 토지에 전속(專屬)하는 경우 : 종전의 토지에 전속(專屬)하는 행정상 또는 재판상의 처분은 환지처분에 의하여 영향을 받지 않고 종전의 토지에 존속한다. 예를 들면, 용도지역·지구·구역의 지정, 출입금지가처분, 증거보전처분 등이 그것이다. ② 지역권 : 도시개발구역의 토지에 대한 지역권(地役權)은 종전의 토지에 존속한다. 다만, 도시개발사업의 시행으로 행사할 이익이 없어진 지역권은 환지처분이 공고된 날이 끝나는 때에 소멸한다.	
	입체환지의 효력	환지계획에 따라 환지처분을 받은 자는 환지처분이 공고된 날의 다음 날에 환지계획으로 정하는 바에 따라 건축물의 일부와 해당 건축물이 있는 토지의 공유지분을 취득한다. 이 경우 종전의 토지에 대한 저당권은 환지처분이 공고된 날의 다음 날부터 해당 건축물의 일부와 해당 건축물이 있는 토지의 공유지분에 존재하는 것으로 본다.	
체비지·보류지의 귀속	환지계획으로 체비지 또는 보류지를 지정한 경우에는 체비지는 시행자가, 보류지는 환지계획에서 정한 자가 각각 환지처분이 공고된 날의 다음 날에 해당 소유권을 취득한다. 다만, 이미 처분된 체비지는 그 체비지를 매입한 자가 소유권이전등기를 마친 때에 소유권을 취득한다.		
권리의 조정 등	① 권리의 포기 : 도시개발사업의 시행으로 지역권 또는 임차권 등을 설정한 목적을 달성할 수 없게 되면 당사자는 해당 권리를 포기하거나 계약을 해지할 수 있다. 도시개발사업으로 건축물이 이전되어 그 임대의 목적을 달성할 수 없게 된 경우에도 또한 같다. ② 손실보상 : 권리를 포기하거나 계약을 해지한 자는 그로 인한 손실을 보상하여 줄 것을 시행자에게 청구할 수 있다. ③ 임대료 등의 증감청구나 권리의 포기 및 계약의 해지는 환지처분이 공고된 날부터 60일이 지나면 임대료·지료, 그 밖의 사용료 등의 증감을 청구할 수 없다.		

43 도시개발법령상 환지처분에 관한 내용 중 옳지 않은 것은?

① 시행자는 지정권자에 의한 준공검사를 받은 경우(지정권자가 시행자인 경우에는 공사 완료 공고가 있는 때)에는 60일 이내에 환지처분을 하여야 한다.

② 환지계획에서 정하여진 환지는 그 환지처분이 공고된 날의 다음 날부터 종전의 토지로 보며, 환지계획에서 환지를 정하지 아니한 종전의 토지에 있던 권리는 그 환지처분이 공고된 날이 끝나는 때에 소멸한다.

③ 종전의 토지에 전속(專屬)하는 행정상 또는 재판상의 처분은 환지처분에 의하여 영향을 받지 않고 종전의 토지에 존속한다.

④ 환지계획으로 체비지 또는 보류지를 지정한 경우에는 체비지는 시행자가, 보류지는 환지계획에서 정한 자가 각각 환지처분이 공고된 날의 다음 날에 해당 소유권을 취득한다.

⑤ 시행자는 환지처분의 공고가 있은 때에는 공고 후 지체 없이 관할 등기소에 이를 통지하고 토지와 건축물에 관한 등기를 촉탁하거나 신청하여야 한다.

POINT 37 환지등기 및 청산금

환지등기	① 환지처분의 통지 및 등기의 신청과 촉탁 : 시행자는 환지처분이 공고되면 공고 후 14일 이내에 관할 등기소에 이를 알리고 토지와 건축물에 관한 등기를 촉탁하거나 신청하여야 한다. ② 타 등기의 제한 : 환지처분이 공고된 날부터 환지등기가 있는 때까지는 다른 등기를 할 수 없다. 다만, 등기신청인이 확정일자가 있는 서류로 환지처분의 공고일 전에 등기원인(登記原因)이 생긴 것임을 증명하면 다른 등기를 할 수 있다.
청산금	① 결정의 원칙 : 청산금은 환지처분을 하는 때에 이를 결정하여야 한다. ② 예외 : 다만, 토지소유자의 신청 또는 동의에 의하여 환지를 정하지 아니하거나 면적의 적정화를 위하여 환지하지 아니하기로 한 경우에는 환지처분이 있기 전이라도 환지계획인가·고시 후 지체없이 청산금을 결정하여 이를 교부할 수 있다. ③ 청산금의 확정 : 청산금은 환지처분이 공고된 날의 다음 날에 확정 ④ 징수위탁 : 행정청이 아닌 시행자는 특별자치도지사·시장·군수 또는 구청장에게 청산금의 징수를 위탁할 수 있다. 징수한 금액의 100분의 4에 해당하는 금액을 당해 특별자치도지사, 시·군 또는 구(자치구의 구를 말한다)에 지급 ⑤ 청산금의 소멸시효 : 청산금을 받을 권리나 징수할 권리를 5년간 행사하지 아니하면 시효로 소멸

44 도시개발법령상 환지등기 및 청산금제도에 관한 설명으로 틀린 것은?

① 환지를 정한 경우 그 과부족분에 대한 청산금은 환지처분을 하는 때에 결정하여야 하고 환지처분이 공고된 날의 다음 날에 확정된다.

② 환지처분이 공고된 날부터 환지등기가 있는 때까지는 다른 등기를 할수 없다. 다만, 등기신청인이 확정일자가 있는 서류로 환지처분의 공고일 전에 등기원인이 생긴 것임을 증명하면 다른 등기를 할 수 있다.

③ 토지소유자의 신청 또는 동의에 의하여 환지를 정하지 아니하거나면적의 적정화를 위하여 환지하지 아니하기로 한 경우에는 환지처분이 있기 전이라도 환지계획인가·고시 후 지체 없이 청산금을 결정하여 이를 교부할 수 있다.

④ 도시개발사업의 시행으로 행사할 이익이 없어진 지역권은 환지처분이 공고된 날의 다음 날 소멸한다.

⑤ 청산금을 받을 권리나 징수할 권리를 5년간 행사하지 아니하면 시효로 소멸된다.

POINT 38 도시개발채권

발행권자 및 승인권자	지방자치단체의 장(구체적으로는 시·도지사)은 도시개발사업 또는 도시·군계획시설사업에 필요한 자금을 조달하기 위하여 도시개발채권을 발행 ⇨ 행정안전부장관의 승인
발행방법 및 상환기간	① 도시개발채권은 전자등록하여 발행하거나 무기명으로 발행할 수 있으며, 발행방법에 관하여 필요한 세부적인 사항은 시·도의 조례로 정한다. ② 도시개발채권의 상환은 5년부터 10년의 범위 안에서 지방자치단체의 조례로 정한다.
매입필증의 보관	도시개발채권의 매입필증을 제출받는 자는 매입자로부터 제출받은 매입필증을 5년간 따로 보관
소멸시효	도시개발채권의 소멸시효는 상환일부터 기산하여 원금은 5년, 이자는 2년

POINT 39 공법상 각종 채권비교

구 분	도시·군계획시설채권	토지상환채권	도시개발채권	주택상환사채
근거법령	국토의 계획 및 이용에 관한 법률	도시개발법	도시개발법	주택법
발행자	시설부지의 매수의무자가 지방자치단체인 경우(특별시장·광역시장·특별자치시장·특별자치도지사·시장 또는 군수)	도시개발사업의 시행자(민간시행자는 지급보증 받아야 함)	지방자치단체의 장(시·도지사)	한국토지주택공사와 등록사업자(지급보증 받아야 함)
발행방법	·	기명식 증권(분양토지 또는 분양건축물 면적의 2분의 1을 초과하지 않도록)	전자등록하여 발행하거나 무기명으로 발행	기명식 증권
발행의 승인권자	·	지정권자의 승인	행정안전부장관	국토교통부장관
상환기간	상환기간은 10년 이내(상환기간과 이율은 특별시·광역시·특별자치시·특별자치도·시 또는 군의 조례로 정함)	수의계약의 방법으로 조성토지 등을 공급받음	5년부터 10년의 범위 안에서 지방자치단체의 조례로 정함	3년을 초과할 수 없음(사채발행일부터 주택의 공급계약체결일까지의 기간)
소멸시효 등	·	·	상환일부터 기산하여 원금은 5년, 이자는 2년	·
타법률 적용	지방재정법	·	·	「상법」 중 사채발행에 관한 규정

45 도시개발법령상 토지상환채권 및 도시개발채권에 관한 내용으로 틀린 것은?

① 시·도지사가 도시개발채권을 발행하는 경우 상환방법 및 절차에 대하여 행정안전부장관의 승인을 받아야 한다.

② 시행자는 토지소유자가 원하면 토지 등의 매수대금의 일부를 지급하기 위하여 그 토지상환채권으로 상환할 토지·건축물이 해당 도시개발사업으로 조성되는 분양토지 또는 분양건축물 면적의 2분의 1을 초과하지 아니하는 범위 안에서 사업시행으로 조성된 토지·건축물로 상환하는 토지상환채권을 발행할 수 있다.

③ 한국토지주택공사인 시행자가 토지상환채권을 발행하는 경우 토지상환채권의 발행계획을 작성하여 미리 국토교통부장관의 승인을 받을 필요가 없다.

④ 도시개발채권의 상환기간은 5년부터 10년의 범위 안에서 지방자치단체의 조례로 정한다.

⑤ 도시개발채권의 매입의무자가 아닌 자가 착오로 도시개발채권을 매입한 경우에는 도시개발채권을 중도에 상환할 수 있다.

제 3 장 도시 및 주거환경정비법

POINT 40 용어정의

① "정비기반시설"이란 도로 · 상하수도 · 구거(도랑) · 공원 · 공용주차장 · 공동구(「국토의 계획 및 이용에 관한 법률」 제2조 제9호에 따른 공동구를 말한다. 이하 같다), 그 밖에 주민의 생활에 필요한 열 · 가스 등의 공급시설로서 대통령령으로 정하는 시설(녹지, 하천, 공공공지, 광장)을 말한다.
② "공동이용시설"이란 주민이 공동으로 사용하는 놀이터 · 마을회관 · 공동작업장, 그 밖에 대통령령으로 정하는 시설(공동으로 사용하는 구판장 · 세탁장 · 화장실 및 수도, 탁아소 · 어린이집 · 경로당 등 노유자시설) 말한다.
③ "토지주택공사 등"이란 「한국토지주택공사법」에 따라 설립된 한국토지주택공사 또는 「지방공기업법」에 따라 주택사업을 수행하기 위하여 설립된 지방공사를 말한다.
④ "토지등소유자"란 다음의 어느 하나에 해당하는 자를 말한다.
　　㉠ 주거환경개선사업 및 재개발사업의 경우에는 정비구역에 위치한 토지 또는 건축물의 소유자 또는 그 지상권자
　　㉡ 재건축사업의 경우에는 정비구역에 위치한 건축물 및 그 부속토지의 소유자

POINT 41 정비기본계획

수립권자	① 특별시장 · 광역시장 · 특별자치시장 · 특별자치도지사 또는 시장(인구 50만 이상)은 10년 단위로 수립하여야 한다. ② 도지사가 대도시가 아닌 시로서 기본계획을 수립할 필요가 없다고 인정하는 시에 대하여는 기본계획을 수립하지 아니할 수 있다. ③ 기본계획의 작성기준 및 작성방법은 국토교통부장관이 정하여 고시한다.
승인권자	대도시의 시장이 아닌 시장은 기본계획을 수립하거나 변경하려면 도지사의 승인을 받아야 하며, 도지사가 이를 승인하려면 관계 행정기관의 장과 협의한 후 지방도시계획위원회의 심의를 거쳐야 한다.
타당성검토	5년마다 타당성 검토
내 용	① 정비사업의 기본방향　　② 정비사업의 계획기간　　③ 토지이용계획 · 정비기반시설계획 · 공동이용시설설치계획 및 교통계획 ④ 녹지 · 조경 · 에너지공급 · 폐기물처리 등에 관한 환경계획　　⑤ 사회복지시설 및 주민문화시설 등의 설치계획 ⑥ 도시의 광역적 재정비를 위한 기본방향　　⑦ 정비구역으로 지정할 예정인 구역(정비예정구역)의 개략적 범위 ⑧ 단계별 정비사업 추진계획(정비예정구역별 정비계획의 수립시기가 포함되어야 한다) ⑨ 건폐율 · 용적률 등에 관한 건축물의 밀도계획　　⑩ 세입자에 대한 주거안정대책
수립절차	14일 이상 주민에게 공람 ⇨ 지방의회의 의견청취 ⇨ 지방도시계획위원회의 심의
보 고	기본계획의 수립권자는 기본계획을 고시한 때에는 국토교통부장관에게 보고

46 도시 및 주거환경정비법령상 도시·주거환경정비기본계획의 수립 및 정비구역의 지정에 관한 설명으로 틀린 것은?

① 기본계획의 수립권자는 기본계획을 수립하려는 경우에는 14일 이상 주민에게 공람하여 의견을 들어야 한다.

② 기본계획의 수립권자는 기본계획을 수립한 때에는 지체 없이 이를 해당 지방자치단체의 공보에 고시하고 일반인이 열람할 수 있도록 하여야 한다.

③ 정비구역의 지정권자는 정비구역의 진입로 설치를 위하여 필요한 경우에는 진입로 지역과 그 인접지역을 포함하여 정비구역을 지정할 수 있다.

④ 기본계획의 수립권자는 기본계획을 고시한 때에는 국토교통부령으로 정하는 방법 및 절차에 따라 국토교통부장관에게 보고하여야 한다.

⑤ 정비구역에서 이동이 쉽지 아니한 물건을 14일 동안 쌓아두기 위해서는 시장·군수 등의 허가를 받아야 한다.

POINT 42 정비계획 및 정비구역 지정 등

정비구역 지정권자	① 특별시장·광역시장·특별자치시장·특별자치도지사·시장 또는 군수(광역시의 군수는 제외 = 이하 "정비구역의 지정권자")는 기본계획에 적합한 범위에서 정비계획을 결정하여 정비구역을 지정(변경지정을 포함한다)할 수 있다. ② 자치구의 구청장 또는 광역시의 군수("구청장등"이라 한다)는 정비계획을 입안하여 특별시장·광역시장에게 정비구역 지정을 신청하여야 한다. ③ 정비구역을 지정·고시한 때에는 국토교통부장관에게 그 지정의 내용을 보고하여야 하며, 관계 서류를 일반인이 열람할 수 있도록 하여야 한다.
정비계획의 내용	① 정비사업의 명칭　　② 정비구역 및 그 면적 ③ 도시·군계획시설의 설치에 관한 계획　　④ 공동이용시설 설치계획 ⑤ 건축물의 주용도·건폐율·용적률·높이에 관한 계획　⑥ 환경보전 및 재난방지에 관한 계획　⑦ 정비구역 주변의 교육환경 보호에 관한 계획 ⑧ 세입자 주거대책　⑨ 정비사업시행 예정시기 • 정비계획의 작성기준 및 작성방법은 국토교통부장관이 정하여 고시한다.
정비계획의 입안절차	30일 이상 주민에게 공람 ⇨ 지방의회의 의견청취
정비구역 지정·고시의 효력	지구단위계획구역 및 지구단위계획으로 결정·고시된 것으로 본다.
정비계획의 입안 제안	토지등소유자는 단계별 정비사업 추진계획상 정비예정구역별 정비계획의 입안시기가 지났음에도 불구하고 정비계획이 입안되지 아니하거나 정비예정구역별 정비계획의 수립시기를 정하고 있지 아니한 경우에는 정비계획의 입안권자에게 정비계획의 입안을 제안할 수 있다.

47 도시 및 주거환경정비법령상 정비계획 및 정비구역의 지정 등에 관한 내용이다. 틀린 것은?

① 정비구역의 지정권자는 정비구역을 지정하거나 변경지정하려면 대통령령으로 정하는 바에 따라 지방도시계획위원회의 심의를 거쳐야 한다.

② 정비계획의 입안권자는 정비계획을 입안하거나 변경하려면 주민에게 서면으로 통보한 후 주민설명회 및 14일 이상 주민에게 공람하여 의견을 들어야 하며, 제시된 의견이 타당하다고 인정되면 이를 정비계획에 반영하여야 한다.

③ 정비예정구역 또는 정비구역에서는 「주택법」 제2조 제11호 가목에 따른 지역주택조합의 조합원을 모집해서는 아니 된다.

④ 특별시장·광역시장·특별자치시장·특별자치도지사·시장 또는 군수(광역시의 군수는 제외)는 기본계획에 적합한 범위에서 노후·불량건축물이 밀집하는 등 대통령령으로 정하는 요건에 해당하는 구역에 대하여 정비계획을 결정하여 정비구역을 지정(변경지정을 포함한다)할 수 있다.

⑤ 정비구역의 지정·고시가 있는 경우 해당 정비구역 및 정비계획 중 지구단위계획구역 및 지구단위계획으로 결정·고시된 것으로 본다.

POINT 43 재건축사업 정비계획 입안을 위한 안전진단

안전진단의무자	정비계획의 입안권자
안전진단사유	① 재건축사업 정비계획의 입안을 위하여 정비예정구역별 정비계획의 수립시기가 도래한 때 ② 정비계획의 입안을 제안하려는 자가 입안을 제안하기 전에 해당 정비예정구역에 위치한 건축물 및 그 부속토지의 소유자 10분의 1 이상의 동의를 받아 안전진단의 실시를 요청하는 경우 = 요청일부터 30일 이내에 실시 여부 통보
안전진단대상 및 제외대상	① 주택단지의 건축물을 대상 ② 안전진단 대상에서 제외대상: ㉠ 정비계획의 입안권자가 천재지변 등으로 주택이 붕괴되어 신속히 재건축을 추진할 필요가 있다고 인정하는 것 ㉡ 주택의 구조안전상 사용금지가 필요하다고 정비계획의 입안권자가 인정하는 것 ㉢ 노후·불량건축물 수에 관한 기준을 충족한 경우 잔여 건축물 ㉣ 정비계획의 입안권자가 진입도로 등 기반시설 설치를 위하여 불가피하게 정비구역에 포함된 것으로 인정하는 건축물 ㉤ 「시설물의 안전 및 유지관리에 관한 특별법」 제2조 제1호의 시설물로서 같은 법 제16조에 따라 지정받은 안전등급이 D (미흡) 또는 E (불량)인 건축물
안전진단기관에 안전진단을 의뢰	① 한국건설기술연구원 ② 안전진단전문기관 ③ 국토안전관리원 🔒 안전진단을 의뢰받은 안전진단기관은 안전진단 결과보고서를 작성하여 정비계획의 입안권자 및 안전진단의 실시를 요청한 자에게 제출하여야 한다.
재건축사업을 위한 정비계획 입안 여부 결정	정비계획의 입안권자는 안전진단의 결과와 도시·군계획 및 지역여건 등을 종합적으로 검토하여 정비계획의 입안 여부를 결정하여야 한다.
결과보고서를 제출 등	① 정비계획의 입안권자(특별자치시장 및 특별자치도지사는 제외한다)는 정비계획의 입안 여부를 결정한 경우에는 지체 없이 특별시장·광역시장·도지사에게 결정내용과 해당 안전진단 결과보고서를 제출하여야 한다. ② 특별시장·광역시장·특별자치시장·도지사·특별자치도지사("시·도지사"라 한다)는 필요한 경우 국토안전관리원 또는 「과학기술분야 정부출연 연구기관 등의 설립·운영 및 육성에 관한 법률」에 따른 한국건설기술연구원에 안전진단 결과의 적정성에 대한 검토를 의뢰할 수 있다. ③ 국토교통부장관은 시·도지사에게 안전진단 결과보고서의 제출을 요청할 수 있으며, 필요한 경우 시·도지사에게 안전진단 결과의 적정성 여부에 대한 검토를 요청할 수 있다. ④ 시·도지사는 검토결과에 따라 정비계획의 입안권자에게 정비계획 입안결정의 취소 등 필요한 조치를 요청할 수 있으며, 정비계획의 입안권자는 특별한 사유가 없으면 그 요청에 따라야 한다.
비용부담	**원 칙** 입안권자가 부담 **예 외** 정비계획의 입안을 제안하려는 자가 안전진단의 실시를 요청하는 경우=요청하는 자에게 부담하게 할 수 있다.

48 도시 및 주거환경정비법령상 재건축사업에서의 건축물 안전진단에 관한 설명으로 틀린 것은?

① 정비계획의 입안을 제안하고자 하는 자가 입안을 제안하기 전에 해당 정비예정구역 안에 소재한 건축물 및 그 부속토지의 소유자 10분의 1 이상의 동의를 받아 안전진단 실시를 요청하는 때에는 안전진단을 실시하여야 한다.

② 천재·지변 등으로 주택이 붕괴되어 신속히 재건축을 추진할 필요가 있다고 국토교통부장관이 인정하는 건축물의 경우에는 안전진단 대상에서 제외할 수 있다.

③ 정비계획의 입안권자는 안전진단 실시 여부를 결정하기 전에 단계별 정비사업 추진계획 등의 사유로 재건축사업의 시기를 조정할 필요가 있다고 인정하는 경우에는 안전진단의 실시시기를 조정할 수 있다.

④ 정비계획의 입안권자는 안전진단의 결과와 도시·군계획 및 지역여건 등을 종합적으로 검토하여 정비계획의 입안 여부를 결정하여야 한다.

⑤ 정비계획의 입안권자(특별자치시장 및 특별자치도지사는 제외한다)는 정비계획의 입안 여부를 결정한 경우에는 지체 없이 특별시장·광역시장·도지사에게 결정내용과 해당 안전진단 결과보고서를 제출하여야 한다.

POINT 44 정비구역 안에서의 행위제한

허가대상	🔒 시장·군수 등의 허가를 받아야 한다. 허가받은 사항을 변경하려는 때에도 또한 같다. ① 건축물의 건축 등: 건축물(가설건축물을 포함한다)의 건축, 용도변경(대수선은 해당하지 않음) ② 공작물의 설치: 인공을 가하여 제작한 시설물의 설치 ③ 토지의 형질변경: 절토(땅깎기)·성토(흙쌓기)·정지(땅고르기)·포장 등의 방법으로 토지의 형상을 변경하는 행위, 토지의 굴착 또는 공유수면의 매립 ④ 토석의 채취: 흙·모래·자갈·바위 등의 토석을 채취하는 행위. 다만, 토지의 형질변경을 목적으로 하는 것은 위 ③에 따른다. ⑤ 토지분할 ⑥ 물건을 쌓아놓는 행위: 이동이 쉽지 아니한 물건을 1개월 이상 쌓아놓는 행위 ⑦ 죽목의 벌채 및 식재

허가의 예외	① 재해복구 또는 재난수습에 필요한 응급조치를 위한 행위
	② 기존 건축물의 붕괴 등 안전사고의 우려가 있는 경우 해당 건축물에 대한 안전조치를 위한 행위
	③ 그 밖에 대통령령으로 정하는 다음의 행위로서 「국토의 계획 및 이용에 관한 법률」 제56조에 따른 개발행위허가의 대상이 아닌 것을 말한다.
	  ㉠ 농림수산물의 생산에 직접 이용되는 것으로서 국토교통부령으로 정하는 간이공작물의 설치
	  ㉡ 경작을 위한 토지의 형질변경
	  ㉢ 정비구역의 개발에 지장을 주지 아니하고 자연경관을 손상하지 아니하는 범위에서의 토석의 채취
	  ㉣ 정비구역에 존치하기로 결정된 대지에 물건을 쌓아놓는 행위
	  ㉤ 관상용 죽목의 임시식재(경작지에서의 임시식재는 제외한다)

기득권보호	공사 또는 사업에 착수한 자 ▷ 정비구역이 지정·고시된 날부터 30일 이내에 관할 시장·군수 등에게 신고
정비예정구역에서의 사전제한	① 국토교통부장관, 시·도지사, 시장, 군수 또는 구청장은 ② 비경제적인 건축행위 및 투기 수요의 유입을 막기 위하여 ③ 정비예정구역 또는 정비계획을 수립 중인 지역에 대하여 3년 이내의 기간동안 ④ ㉠ 건축물의 건축 ㉡ 토지의 분할 행위를 제한할 수 있다.

49 도시 및 주거환경정비법령상 정비구역 안에서의 행위제한에 관한 설명으로 틀린 것은?

① 이동이 쉽지 아니한 물건을 1월 이상 쌓아놓는 행위는 시장·군수 등의 허가를 받아야 한다.

② 허가권자가 행위허가를 하고자 하는 경우로서 시행자가 있는 경우에는 미리 그 시행자의 의견을 들어야 한다.

③ 허가받은 사항을 변경하고자 하는 때에는 시장·군수 등에게 신고하여야 한다.

④ 허가를 받아야 하는 행위로서 정비구역의 지정 및 고시 당시 이미 관계 법령에 따라 행위허가를 받았거나 허가를 받을 필요가 없는 행위에 관하여 그 공사 또는 사업에 착수한 자는 정비구역의 지정·고시된 날부터 30일 이내에 시장·군수 등에게 신고한 후 이를 계속 시행할 수 있다.

⑤ 정비구역의 개발에 지장을 주지 아니하고 자연경관을 손상하지 아니하는 범위 안에서의 토석의 채취는 시장·군수 등의 허가 없이 가능하다.

POINT 45 정비구역 등의 해제

의무적 해제	① 정비구역의 지정권자는 다음의 어느 하나에 해당하는 경우에는 정비구역 등을 해제하여야 한다. 　㉠ 정비예정구역에 대하여 기본계획에서 정한 정비구역 지정 예정일부터 3년이 되는 날까지 특별자치시장, 특별자치도지사, 시장 또는 군수가 정비구역을 지정하지 아니하거나 구청장 등이 정비구역의 지정을 신청하지 아니하는 경우 　㉡ 재개발사업 · 재건축사업[조합이 시행하는 경우로 한정한다]이 다음의 어느 하나에 해당하는 경우 　　㉮ 토지등소유자가 정비구역으로 지정 · 고시된 날부터 2년이 되는 날까지 조합설립추진위원회의 승인을 신청하지 아니하는 경우 　　㉯ 토지등소유자가 정비구역으로 지정 · 고시된 날부터 3년이 되는 날까지 조합설립인가를 신청하지 아니하는 경우(추진위원회를 구성하지 아니하는 경우로 한정한다) 　　㉰ 추진위원회가 추진위원회 승인일부터 2년이 되는 날까지 조합설립인가를 신청하지 아니하는 경우 　　㉱ 조합이 조합설립인가를 받은 날부터 3년이 되는 날까지 사업시행계획인가를 신청하지 아니하는 경우 　㉢ 토지등소유자가 시행하는 재개발사업으로서 토지등소유자가 정비구역으로 지정 · 고시된 날부터 5년이 되는 날까지 사업시행계획인가를 신청하지 아니하는 경우 ② 구청장 등은 위 ①의 어느 하나에 해당하는 경우에는 특별시장 · 광역시장에게 정비구역 등의 해제를 요청하여야 한다.
정비구역 등의 해제기간의 연장	다음의 어느 하나에 해당하는 경우에는 해당 기간을 2년의 범위에서 연장하여 정비구역 등을 해제하지 아니할 수 있다. ① 정비구역 등의 토지등소유자(조합을 설립한 경우에는 조합원을 말한다)가 100분의 30 이상의 동의로 해당 기간이 도래하기 전까지 연장을 요청하는 경우 ② 정비사업의 추진 상황으로 보아 주거환경의 계획적 정비 등을 위하여 정비구역등의 존치가 필요하다고 인정하는 경우
정비구역 등의 임의적 직권 해제	🔓 정비구역의 지정권자는 다음의 어느 하나에 해당하는 경우 지방도시계획위원회의 심의를 거쳐 정비구역 등을 해제할 수 있다. ① 정비사업의 시행으로 토지등소유자에게 과도한 부담이 발생할 것으로 예상되는 경우 ② 정비구역 등의 추진 상황으로 보아 지정 목적을 달성할 수 없다고 인정되는 경우 ③ 토지등소유자의 100분의 30 이상이 정비구역 등(추진위원회가 구성되지 아니한 구역으로 한정한다)의 해제를 요청하는 경우 ④ 제23조 제1항 제1호에 따른 방법으로 시행 중인 주거환경개선사업의 정비구역이 지정 · 고시된 날부터 10년 이상 경과하고, 추진 상황으로 보아 지정 목적을 달성할 수 없다고 인정되는 경우로서 토지등소유자의 과반수가 정비구역의 해제에 동의하는 경우 ⑤ 추진위원회 구성 또는 조합 설립에 동의한 토지등소유자의 2분의 1 이상 3분의 2 이하의 범위에서 시 · 도조례로 정하는 비율 이상의 동의로 정비구역의 해제를 요청하는 경우(사업시행계획인가를 신청하지 아니한 경우로 한정한다) ⑥ 추진위원회가 구성되거나 조합이 설립된 정비구역에서 토지등소유자 과반수의 동의로 정비구역의 해제를 요청하는 경우(사업시행계획인가를 신청하지 아니한 경우로 한정한다)

정비구역 등 해제의 효력	① 정비구역 등이 해제된 경우에는 정비계획으로 변경된 용도지역, 정비기반시설 등은 정비구역 지정 이전의 상태로 환원된 것으로 본다. ② 정비구역 등(재개발사업 및 재건축사업을 시행하려는 경우로 한정한다)이 해제된 경우 정비구역의 지정권자는 해제된 정비구역 등을 제23조 제1항 제1호의 방법으로 시행하는 주거환경개선구역으로 지정할 수 있다. ③ 정비구역 등이 해제·고시된 경우 추진위원회 구성승인 또는 조합설립인가는 취소된 것으로 보고, 시장·군수등은 해당 지방자치단체의 공보에 그 내용을 고시하여야 한다.
도시재생선도지역 지정 요청	정비구역등이 해제된 경우 정비구역의 지정권자는 해제된 정비구역등을 「도시재생 활성화 및 지원에 관한 특별법」에 따른 도시재생선도지역으로 지정하도록 국토교통부장관에게 요청할 수 있다.
지역주택조합원 의 모집불가	정비예정구역 또는 정비구역("정비구역등")에서는 「주택법」 제2조에 따른 지역주택조합의 조합원을 모집해서는 아니 된다.

50 도시 및 주거환경정비법령상 정비구역 등의 해제 등에 관한 내용이다. 틀린 것은?

① 재개발사업을 조합이 시행하는 경우, 토지등소유자가 정비구역으로 지정·고시된 날부터 2년이 되는 날까지 조합설립추진위원회의 승인을 신청하지 아니하는 경우에 정비구역의 지정권자는 정비구역을 해제하여야 한다.

② 토지등소유자가 시행하는 재개발사업으로서 토지등소유자가 정비구역으로 지정·고시된 날부터 3년이 되는 날까지 사업시행계획인가를 신청하지 아니하는 경우에는 정비구역을 해제하여야 한다.

③ 정비구역 등이 해제된 경우에는 원칙적으로 정비계획으로 변경된 용도지역, 정비기반시설 등은 정비구역 지정 이전의 상태로 환원된 것으로 본다.

④ 정비구역 등이 해제·고시된 경우 추진위원회 구성승인 또는 조합설립인가는 취소된 것으로 보고, 시장·군수 등은 해당 지방자치단체의 공보에 그 내용을 고시하여야 한다.

⑤ 정비구역 등이 해제된 경우 정비구역의 지정권자는 해제된 정비구역등을 「도시재생 활성화 및 지원에 관한 특별법」에 따른 도시재생선도지역으로 지정하도록 국토교통부장관에게 요청할 수 있다.

POINT 46 정비사업의 시행

구 분	사업의 정의	시행방법	사업시행자	토지등소유자 구분
주거환경 개선사업	도시저소득 주민이 집단거주하는 지역으로서 정비기반시설이 극히 열악하고 노후·불량건축물이 과도하게 밀집한 지역의 주거환경을 개선하거나 단독주택 및 다세대주택이 밀집한 지역에서 정비기반시설과 공동이용시설 확충을 통하여 주거환경을 보전·정비·개량하기 위한 사업	① 사업시행자가 정비구역에서 정비기반시설 및 공동이용시설을 새로 설치하거나 확대하고 토지등소유자가 스스로 주택을 보전·정비하거나 개량하는 방법 ② 사업시행자가 정비구역의 전부 또는 일부를 수용하여 주택을 건설한 후 토지등소유자에게 우선 공급하거나 대지를 토지등소유자 또는 토지등소유자 외의 자에게 공급하는 방법 ③ 사업시행자가 환지로 공급하는 방법 ④ 사업시행자가 정비구역에서 인가받은 관리처분계획에 따라 주택 및 부대시설·복리시설을 건설하여 공급하는 방법(2가지 이상 방법으로 혼용할 수 있음)	🔒 사업시행자가 정비구역에서 정비기반시설 및 공동이용시설을 새로 설치하거나 확대하고 토지등소유자가 스스로 주택을 보전·정비하거나 개량하는 방법으로 시행하는 주거환경개선사업은 시장·군수 등이 직접 시행하되, 토지주택공사등을 사업시행자로 지정(토지등소유자의 과반수의 동의) ※ 나머지 방법으로 시행하는 주거환경개선사업은 시장·군수 등이 직접 시행하거나 토지주택공사 등에게 시행하게 할 수 있다. 🔒 이 경우 해당 정비예정구역의 토지 또는 건축물의 소유자 또는 지상권자의 3분의 2 이상의 동의와 세입자 세대수의 과반수의 동의를 각각 받아야 한다. 다만, 세입자의 세대수가 토지등소유자의 2분의 1 이하인 경우는 제외	정비구역에 위치한 토지 또는 건축물의 소유자 또는 그 지상권자
재개발사업	기반시설이 열악하고 노후·불량건축물이 밀집한 지역에서 주거환경을 개선하거나 상업지역·공업지역 등에서 도시기능의 회복 및 상권활성화 등을 위하여 도시환경을 개선하기 위한 사업	재개발사업은 정비구역에서 인가받은 관리처분계획에 따라 건축물을 건설하여 공급하거나 환지로 공급하는 방법	① 조합이 시행하거나 조합이 조합원의 과반수의 동의를 받아 시장·군수 등, 토지주택공사 등, 건설업자, 등록사업자 또는 신탁업자와 한국부동산원 등과 공동으로 시행하는 방법 ② 토지등소유자가 20인 미만인 경우에는 토지등소유자가 시행하거나 토지등소유자가 토지등소유자의 과반수의 동의를 받아 시장·군수 등, 토지주택공사 등, 건설업자, 등록사업자 또는 신탁업자와 한국부동산원 등과 공동으로 시행하는 방법	정비구역에 위치한 토지 또는 건축물의 소유자 또는 그 지상권자
재건축사업	정비기반시설은 양호하나 노후·불량건축물에 해당하는 공동주택이 밀집한 지역에서 주거환경을 개선하기 위한 사업	재건축사업은 정비구역에서 인가받은 관리처분계획에 따라 주택, 부대시설·복리시설 및 오피스텔을 건설하여 공급하는 방법 🔒 오피스텔을 건설하여 공급하는 경우에는 준주거지역 및 상업지역에서만 건설할 수 있다. 이 경우 오피스텔의 연면적은 전체 건축물 연면적의 100분의 30 이하이어야 한다.	재건축사업은 조합이 시행하거나 조합이 조합원의 과반수의 동의를 받아 시장·군수 등, 토지주택공사 등, 건설업자 또는 등록사업자와 공동으로 시행 🔒 신탁업자와 한국부동산원 등과 공동으로 시행하는 방법은 허용되지 않는다.	정비구역에 위치한 건축물 및 그 부속토지의 소유자

51 도시 및 주거환경정비법령상 정비사업시행에 관한 설명 중 틀린 것은?

① 재개발사업은 정비구역에서 인가받은 관리처분계획에 따라 건축물을 건설하여 공급하거나 환지로 공급하는 방법으로 한다.

② 시장·군수 등은 고시된 정비계획에서 정한 정비사업시행 예정일부터 2년 이내에 사업시행계획인가를 신청하지 아니한 경우 재개발사업을 직접 시행할 수 있다.

③ 재건축사업은 정비구역에서 인가받은 관리처분계획에 따라 주택, 부대시설·복리시설 및 오피스텔을 건설하여 공급하는 방법으로 할 수 있다.

④ 환지로 공급하는 방법에 의한 주거환경개선사업은 토지등소유자 과반수의 동의를 얻어 시장·군수 등이 직접 시행할 수 있다.

⑤ 재건축사업조합은 조합설립인가를 받은 후 조합총회에서 경쟁입찰 또는 수의계약(2회 이상 경쟁입찰이 유찰된 경우로 한정한다)의 방법으로 건설업자 또는 등록사업자를 시공자로 선정하여야 한다.

POINT 47 **재개발사업 · 재건축사업의 공공시행자**

	시장 · 군수 등은 재개발사업 및 재건축사업이 다음의 어느 하나에 해당하는 때에는 제25조에도 불구하고 직접 정비사업을 시행하거나 토지주택공사 등(토지주택공사 등이 건설업자 또는 등록사업자와 공동으로 시행하는 경우를 포함한다)을 사업시행자로 지정하여 정비사업을 시행하게 할 수 있다.
재개발사업 · 재건축 사업의 공공시행자	① 천재지변, 「재난 및 안전관리 기본법」 제27조 또는 「시설물의 안전 및 유지관리에 관한 특별법」 제23조에 따른 사용제한 · 사용금지, 그 밖의 불가 피한 사유로 긴급하게 정비사업을 시행할 필요가 있다고 인정하는 때 ② 고시된 정비계획에서 정한 정비사업시행 예정일부터 2년 이내에 사업시행계획인가를 신청하지 아니하거나 사업시행계획인가를 신청한 내용이 위법 또는 부당하다고 인정하는 때(재건축사업의 경우는 제외한다) ③ 추진위원회가 시장 · 군수 등의 구성승인을 받은 날부터 3년 이내에 조합설립인가를 신청하지 아니하거나 조합이 조합설립인가를 받은 날부터 3년 이내에 사업시행계획인가를 신청하지 아니한 때 ④ 지방자치단체의 장이 시행하는 「국토의 계획 및 이용에 관한 법률」에 따른 도시 · 군계획사업과 병행하여 정비사업을 시행할 필요가 있다고 인정 하는 때 ⑤ 순환정비방식으로 정비사업을 시행할 필요가 있다고 인정하는 때 ⑥ 사업시행계획인가가 취소된 때 ⑦ 해당 정비구역의 국 · 공유지 면적 또는 국 · 공유지와 토지주택공사 등이 소유한 토지를 합한 면적이 전체 토지면적의 2분의 1 이상으로서 토지등소 유자의 과반수가 시장 · 군수 등 또는 토지주택공사 등을 사업시행자로 지정하는 것에 동의하는 때 ⑧ 해당 정비구역의 토지면적 2분의 1 이상의 토지소유자와 토지등소유자의 3분의 2 이상에 해당하는 자가 시장 · 군수 등 또는 토지주택공사 등을 사업시행자로 지정할 것을 요청하는 때

POINT 48 **조합설립추진위원회 및 조합의 설립**

추진위원회의 구성 및 승인	5명 이상이 운영규정에 대한 토지등소유자 과반수의 동의를 받아 조합설립을 위한 추진위원회를 구성하여 국토교통부령으로 정하는 방법과 절차 에 따라 시장 · 군수 등의 승인
추진위원회의 업무수행	① 정비사업전문관리업자의 선정 및 변경 ② 설계자의 선정 및 변경 ③ 개략적인 정비사업 시행계획서의 작성 ④ 조합설립인가를 받기 위한 준비업무 ⑤ 그 밖에 조합설립을 추진하기 위하여 대통령령으로 정하는 업무 　　🔒 추진위원회가 정비사업전문관리업자를 선정하려는 경우에는 추진위원회 승인을 받은 후 경쟁입찰 또는 수의계약(2회 이상 경쟁입찰이 유찰 된 경우로 한정한다)의 방법으로 선정하여야 한다.

추진위원회의 조직 및 업무승계	① 추진위원회는 추진위원회를 대표하는 추진위원장 1명과 감사를 두어야 한다(이사는 두지 아니한다). ② 추진위원회는 수행한 업무를 총회에 보고하여야 하며, 그 업무와 관련된 권리·의무는 조합이 포괄승계한다.
장부의 인계	추진위원회는 사용경비를 기재한 회계장부 및 관계 서류를 조합설립인가일부터 30일 이내에 조합에 인계하여야 한다.
조합설립의 동의	① 재개발사업의 추진위원회가 조합을 설립하려면 토지등소유자의 4분의 3 이상 및 토지면적의 2분의 1 이상의 토지소유자의 동의를 받아 정관 등을 첨부하여 시장·군수 등의 인가 ② 재건축사업의 추진위원회가 조합을 설립하려는 때에는 주택단지의 공동주택의 각 동별 구분소유자의 과반수 동의(공동주택의 각 동별 구분소유자가 5 이하인 경우는 제외)와 주택단지의 전체 구분소유자의 4분의 3 이상 및 토지면적의 4분의 3 이상의 토지소유자의 동의를 받아 정관 등을 첨부하여 시장·군수 등의 인가 ③ 주택단지가 아닌 지역이 정비구역에 포함된 때에는 주택단지가 아닌 지역의 토지 또는 건축물 소유자의 4분의 3 이상 및 토지면적의 3분의 2 이상의 토지소유자의 동의
인가받은 사항의 변경	설립된 조합이 인가받은 사항을 변경하고자 하는 때에는 총회에서 조합원의 3분의 2 이상의 찬성으로 의결하고, 시장·군수 등의 인가를 받아야 한다. 다만, 다음의 경미한 사항을 변경하려는 때에는 총회의 의결 없이 시장·군수등에게 신고하고 변경할 수 있다. 🔒 변경신고사항 ① 착오·오기 또는 누락임이 명백한 사항 ② 조합의 명칭 및 주된 사무소의 소재지와 조합장의 성명 및 주소(조합장의 변경이 없는 경우로 한정한다) ③ 토지 또는 건축물의 매매 등으로 조합원의 권리가 이전된 경우의 조합원의 교체 또는 신규가입 ④ 현금청산으로 인하여 정관에서 정하는 바에 따라 조합원이 변경되는 경우
조합의 법인격	① 조합은 법인으로 한다. ② 조합은 조합설립인가를 받은 날부터 30일 이내에 등기하는 때에 성립
조합원의 자격 등	정비사업의 조합원은 토지등소유자(재건축사업의 경우에는 재건축사업에 동의한 자만 해당한다)로 함
투기과열지구 안에서의 양도 등의 제한	① 원칙: 투기과열지구로 지정된 지역에서 재건축사업을 시행하는 경우에는 조합설립인가 후, 재개발사업을 시행하는 경우에는 관리처분계획의 인가 후 해당 정비사업의 건축물 또는 토지를 양수(매매·증여, 그 밖의 권리의 변동을 수반하는 일체의 행위를 포함하되, 상속·이혼으로 인한 양도·양수의 경우는 제외한다)한 자는 조합원이 될 수 없다. ② 예외: 양도인이 다음의 어느 하나에 해당하는 경우 그 양도인으로부터 그 건축물 또는 토지를 양수한 자는 그러하지 아니하다. 　㉠ 세대원의 근무상 또는 생업상의 사정이나 질병치료·취학·결혼으로 세대원이 모두 해당 사업구역에 위치하지 아니한 특별시·광역시·특별자치시·특별자치도·시 또는 군으로 이전하는 경우　㉡ 상속으로 취득한 주택으로 세대원 모두 이전하는 경우 　㉢ 세대원 모두 해외로 이주하거나 세대원 모두 2년 이상 해외에 체류하려는 경우 　㉣ 1세대 1주택자로서 양도하는 주택에 대한 소유기간 및 거주기간이 대통령령으로 정하는 다음의 기간 이상인 경우 　　㉮ 소유기간: 10년　㉯ 거주기간: 5년 　㉤ 그 밖에 불가피한 사정으로 양도하는 경우로서 대통령령으로 정하는 경우 ③ 사업시행자는 조합원의 자격을 취득할 수 없는 경우 정비사업의 토지, 건축물 또는 그 밖의 권리를 취득한 자에게 손실보상을 하여야 한다.

52 도시 및 주거환경정비법령상 조합의 설립에 관한 설명으로 옳은 것은?

① 조합설립인가를 받은 경우에는 따로 등기를 하지 않아도 조합이 성립된다.

② 조합임원은 같은 목적의 정비사업을 하는 다른 조합의 임원을 겸할 수 있다.

③ 재건축사업은 조합을 설립하지 않고 토지등소유자가 직접 시행할 수 있다.

④ 추진위원회의 구성에 동의한 토지등소유자는 조합의 설립에 동의한 것으로 본다.

⑤ 조합임원이 결격사유에 해당하여 퇴임한 경우 그 임원이 퇴임 전에 관여한 행위는 효력을 잃는다.

53 도시 및 주거환경정비법령상 조합설립인가를 받기 위한 동의에 관하여 ( )에 들어갈 내용을 바르게 나열한 것은?

> • 재개발사업의 추진위원회가 조합을 설립하려면 토지등소유자의 (㉠) 이상 및 토지면적의 (㉡) 이상의 토지소유자의 동의를 받아야 한다.
> • 재건축사업의 추진위원회가 조합을 설립하려는 경우 주택단지가 아닌 지역이 정비구역에 포함된 때에는 주택단지가 아닌 지역의 토지 또는 건축물 소유자의 (㉢) 이상 및 토지면적의 (㉣) 이상의 토지소유자의 동의를 받아야 한다.

① ㉠ : 4분의 3, ㉡ : 2분의 1, ㉢ : 4분의 3, ㉣ : 3분의 2

② ㉠ : 4분의 3, ㉡ : 2분의 1, ㉢ : 4분의 3, ㉣ : 2분의 1

③ ㉠ : 4분의 3, ㉡ : 2분의 1, ㉢ : 3분의 2, ㉣ : 2분의 1

④ ㉠ : 2분의 1, ㉡ : 3분의 1, ㉢ : 2분의 1, ㉣ : 3분의 2

⑤ ㉠ : 2분의 1, ㉡ : 3분의 1, ㉢ : 4분의 3, ㉣ : 2분의 1

POINT 49 정비조합의 임원 등

임원의 자격	① 정비구역에서 거주하고 있는 자로서 선임일 직전 3년 동안 정비구역 내 거주 기간이 1년 이상일 것 ② 정비구역에 위치한 건축물 또는 토지(재건축사업의 경우에는 건축물과 그 부속토지를 말한다)를 5년 이상 소유하고 있을 것 ③ 조합장은 선임일부터 관리처분계획인가를 받을 때까지는 해당 정비구역에서 거주(영업을 하는 자의 경우 영업을 말한다)하여야 한다.
임원 수 및 임기	① 조합에 두는 이사의 수는 3명 이상으로 하고, 감사의 수는 1명 이상 3명 이하로 한다. 다만, 토지등소유자의 수가 100인을 초과하는 경우에는 이사의 수를 5명 이상으로 한다. ② 조합은 총회 의결을 거쳐 조합임원의 선출에 관한 선거관리를 「선거관리위원회법」 제3조에 따라 선거관리위원회에 위탁할 수 있다. ③ 조합임원의 임기는 3년 이하의 범위에서 정관으로 정하되, 연임할 수 있다.
임원 및 전문조합관리인의 결격사유	① 피성년후견인, 피한정후견인, 미성년자 ② 파산선고를 받은 자로서 복권되지 아니한 자 ③ 금고 이상의 실형의 선고를 받고 그 집행이 종료(종료된 것으로 보는 경우를 포함한다)되거나 집행이 면제된 날부터 2년이 지나지 아니한 자 ④ 금고 이상의 형의 집행유예를 받고 그 유예기간 중에 있는 자 ⑤ 이 법을 위반하여 벌금 100만원 이상의 형을 선고받고 10년이 지나지 아니한 자
조합임원의 당연퇴임	조합임원이 다음의 어느 하나에 해당하는 경우에는 당연 퇴임한다. 그러나 퇴임된 임원이 퇴임 전에 관여한 행위는 그 효력을 잃지 아니한다. ① 조합임원의 결격사유의 어느 하나에 해당하게 되거나 선임 당시 그에 해당하는 자이었음이 판명된 경우 ② 조합임원이 제41조 제1항(㉠ 정비구역에서 거주하고 있는 자로서 선임일 직전 3년 동안 정비구역 내 거주 기간이 1년 이상일 것, ㉡ 정비구역에 위치한 건축물 또는 토지-재건축사업의 경우에는 건축물과 그 부속토지를 말한다-를 5년 이상 소유하고 있을 것)에 따른 자격요건을 갖추지 못한 경우
임원의 해임 등	① 조합임원은 조합원 10분의 1 이상의 요구로 소집된 총회에서 조합원 과반수의 출석과 출석 조합원 과반수의 동의를 받아 해임할 수 있다. ② 조합장은 조합을 대표하고, 그 사무를 총괄하며, 총회 또는 대의원회의 의장이 된다. ③ 조합장이 대의원회의 의장이 되는 경우에는 대의원으로 본다. ④ 조합장 또는 이사가 자기를 위하여 조합과 계약이나 소송을 할 때에는 감사가 조합을 대표한다. ⑤ 조합임원은 같은 목적의 정비사업을 하는 다른 조합의 임원 또는 직원을 겸할 수 없다.

54 도시 및 주거환경정비법령상 조합의 임원에 관한 설명으로 틀린 것은?

① 토지등소유자의 수가 100인을 초과하는 경우 조합에 두는 이사의 수는 5명 이상으로 한다.

② 조합임원의 임기는 3년 이하의 범위에서 정관으로 정하되, 연임할 수 있다.

③ 조합장이 아닌 조합임원은 대의원이 될 수 있다.

④ 조합임원은 같은 목적의 정비사업을 하는 다른 조합의 임원 또는 직원을 겸할 수 없다.

⑤ 시장·군수 등이 전문조합관리인을 선정한 경우 전문조합관리인이 업무를 대행할 임원은 당연 퇴임한다.

POINT 50 총회 및 대의원회

총 회	소집요건	총회는 조합장이 직권으로 소집하거나 조합원 5분의 1 이상(정관의 기재사항 중 조합임원의 권리·의무·보수·선임방법·변경 및 해임에 관한 사항을 변경하기 위한 총회의 경우는 10분의 1 이상으로 한다) 또는 대의원 3분의 2 이상의 요구로 조합장이 소집한다.
	총회의 의결	① 총회의 의결은 이 법 또는 정관에 다른 규정이 없으면 조합원 과반수의 출석과 출석 조합원의 과반수 찬성으로 한다. ② 사업시행계획서의 작성 및 변경(정비사업의 중지 또는 폐지에 관한 사항을 포함), 관리처분계획의 수립 및 변경(경미한 변경은 제외)의 경우에는 조합원 과반수의 찬성으로 의결한다. ③ 정비사업비가 100분의 10(손실보상 금액은 제외한다) 이상 늘어나는 경우에는 조합원 3분의 2 이상의 찬성으로 의결하여야 한다.
	총회의 출석	① 총회의 의결은 조합원의 100분의 10 이상이 직접 출석하여야 한다. ② 창립총회, 사업시행계획서의 작성 및 변경, 관리처분계획의 수립 및 변경을 의결하는 총회 등의 경우에는 조합원의 100분의 20 이상이 직접 출석하여야 한다.
	총회의 소집통지	총회를 소집하려는 자는 총회가 개최되기 7일 전까지 회의 목적·안건·일시 및 장소를 정하여 조합원에게 통지하여야 한다.
대의원회	의무적 설치	조합원의 수가 100명 이상인 조합은 대의원회를 두어야 한다.
	대의원 수	대의원회는 조합원의 10분의 1 이상으로 구성한다. 다만, 조합원의 10분의 1이 100명을 넘는 경우에는 조합원의 10분의 1의 범위에서 100명 이상으로 구성할 수 있다.
	대의원 제한	조합장이 아닌 조합임원(이사 및 감사)은 대의원이 될 수 없다.
	대의원회의 권한	대의원회는 총회의 의결사항 중 다음의 사항 외에는 총회의 권한을 대행할 수 있다. 🔓 대의원회에서 대행할 수 없는 사항 ① 정관의 변경에 관한 사항 ② 자금의 차입과 그 방법·이자율 및 상환방법에 관한 사항 ③ 법 제45조 제1항 제4호에 따른 예산으로 정한 사항 외에 조합원에게 부담이 되는 계약에 관한 사항 ④ 시공자·설계자 또는 감정평가법인 등의 선정 및 변경에 관한 사항 ⑤ 정비사업전문관리업자의 선정 및 변경에 관한 사항 ⑥ 조합임원의 선임 및 해임과 대의원의 선임 및 해임에 관한 사항. 다만, 정관으로 정하는 바에 따라 임기 중 궐위된 자(조합장은 제외한다)를 보궐선임하는 경우를 제외한다. ⑦ 사업시행계획서의 작성 및 변경에 관한 사항 ⑧ 관리처분계획의 수립 및 변경에 관한 사항 ⑨ 조합의 합병 또는 해산에 관한 사항 다만, 사업완료로 인한 해산의 경우는 제외한다.

POINT 51 사업시행계획 인가 등

시장·군수 등의 인가	① 원칙(인가) : 사업시행자는 사업시행계획서에 정관 등과 그 밖에 서류를 첨부하여 시장·군수 등에게 제출하고 사업시행계획인가를 받아야 하고, 인가 받은 사항을 변경하거나 정비사업을 중지 또는 폐지하려는 경우에도 또한 같다. ② 예외(신고) : 다음의 경미한 사항을 변경하려는 때에는 시장·군수 등에게 신고하여야 한다. 　㉠ 정비사업비를 10퍼센트의 범위에서 변경하거나 관리처분계획의 인가에 따라 변경하는 때 　㉡ 건축물이 아닌 부대시설·복리시설의 설치규모를 확대하는 때(위치가 변경되는 경우는 제외한다) 　㉢ 대지면적을 10퍼센트의 범위에서 변경하는 때 　㉣ 세대수와 세대당 주거전용면적을 변경하지 아니하고 세대당 주거전용면적의 10퍼센트의 범위에서 세대 내부구조의 위치 또는 면적을 변경하는 때 　㉤ 사업시행자의 명칭 또는 사무소 소재지를 변경하는 때 　㉥ 정비구역 또는 정비계획의 변경에 따라 사업시행계획서를 변경하는 때 　㉦ 조합설립변경 인가에 따라 사업시행계획서를 변경하는 때
인가 전 관계 서류의 공람과 의견청취	관계 서류의 사본을 14일 이상 일반인이 공람
인가 여부의 통보	사업시행계획서의 제출이 있는 날부터 60일 이내에 인가 여부를 결정하여 사업시행자에게 통보
지정개발자의 정비사업비의 예치	시장·군수 등은 재개발사업의 사업시행계획인가를 하는 경우 해당 정비사업의 사업시행자가 지정개발자(지정개발자가 토지등소유자인 경우로 한정한다)인 때에는 정비사업비의 100분의 20의 범위에서 시·도조례로 정하는 금액을 예치하게 할 수 있다.
인가 전 교육감 등과의 협의	시장·군수 등은 사업시행계획인가(시장·군수 등이 사업시행계획서를 작성한 경우를 포함한다)를 하려는 경우 정비구역부터 200미터 이내에 교육시설이 설치되어 있는 때에는 해당 지방자치단체의 교육감 또는 교육장과 협의

55 도시 및 주거환경정비법령의 규정에 의한 사업시행계획에 관한 설명이다. 틀린 것은?

① 조합인 사업시행자는 정비사업을 시행하고자 하는 경우에는 사업시행계획서에 정관 등과 그 밖의 서류를 첨부하여 시장·군수 등에게 제출하고 사업시행인가를 받아야 한다.

② 정비사업비를 10퍼센트의 범위에서 변경하거나 관리처분계획의 인가에 따라 사업시행계획을 변경하는 때에는 시장·군수 등에게 신고하여야 한다.

③ 시장·군수 등은 재개발사업의 사업시행계획인가를 하는 경우 해당 정비사업의 사업시행자가 지정개발자(지정개발자가 토지등소유자인 경우로 한정한다)인 때에는 정비사업비의 100분의 20의 범위에서 시·도조례로 정하는 금액을 예치하게 할 수 있다.

④ 시장·군수 등은 특별한 사유가 없으면 사업시행계획서의 제출이 있은 날부터 60일 이내에 인가 여부를 결정하여 사업시행자에게 통보하여야 한다.

⑤ 시장·군수 등은 사업시행계획인가를 하거나 사업시행계획서를 작성하려는 경우에는 관계 서류의 사본을 30일 이상 일반인이 공람할 수 있게 하여야 한다.

POINT 52 분양신청 및 관리처분계획 수립 등

분양신청의 통지 및 공고	사업시행자는 사업시행계획인가의 고시가 있은 날부터 120일 이내에 분양신청기간 등의 사항을 토지등소유자에게 통지하고, 분양의 대상이 되는 대지 또는 건축물의 내역 등을 해당 지역에서 발간되는 일간신문에 공고하여야 한다.		
분양신청기간	분양신청기간은 그 통지한 날부터 30일 이상 60일 이내(20일의 범위 이내에서 연장)		
분양신청	대지 또는 건축물에 대한 분양을 받으려는 토지등소유자는 분양신청기간에 사업시행자에게 대지 또는 건축물에 대한 분양신청을 하여야 한다.		
분양신청제한	투기과열지구의 정비사업에서 관리처분계획에 따라 조합원 및 일반 분양대상자 및 그 세대에 속한 자는 분양대상자 선정일(조합원 분양분의 분양대상자는 최초 관리처분계획 인가일을 말한다)부터 5년 이내에는 투기과열지구에서 분양신청을 할 수 없다. 다만, 상속, 결혼, 이혼으로 조합원 자격을 취득한 경우에는 분양신청을 할 수 있다.		
분양신청을 하지 아니한 자 등에 대한 조치	사업시행자는 관리처분계획이 인가·고시된 다음 날부터 90일 이내에 분양신청을 하지 아니한 자 등과 토지, 건축물 또는 그 밖의 권리의 손실보상에 관한 협의를 하여야 한다.		
관리처분계획의 수립 및 인가	인 가	① 사업시행자는 분양신청기간이 종료된 때에는 분양신청의 현황을 기초로 관리처분계획을 수립하여 시장·군수 등의 인가를 받아야 하며, 관리처분계획을 변경·중지 또는 폐지하려는 경우에도 또한 같다. ② 사업시행자는 관리처분계획인가를 신청하기 전에 관계 서류의 사본을 30일 이상 토지등소유자에게 공람하게 하고 의견을 들어야 한다. ③ 시장·군수 등은 사업시행자의 관리처분계획인가의 신청이 있은 날부터 30일 이내에 인가 여부를 결정하여 사업시행자에게 통보하여야 한다.	
	신 고	다음의 경미한 사항을 변경하고자 하는 때에는 시장·군수 등에게 신고하여야 한다. ① 계산착오·오기·누락 등에 따른 조서의 단순정정인 경우(불이익을 받는 자가 없는 경우에만 해당한다) ② 정관 및 사업시행계획인가의 변경에 따라 관리처분계획을 변경하는 경우 ③ 매도청구에 대한 판결에 따라 관리처분계획을 변경하는 경우 ④ 권리·의무의 변동이 있는 경우로서 분양설계의 변경을 수반하지 아니하는 경우 ⑤ 주택분양에 관한 권리를 포기하는 토지등소유자에 대한 임대주택의 공급에 따라 관리처분계획을 변경하는 경우	
관리처분계획의 내용	① 분양설계 ② 분양대상자의 주소 및 성명 ③ 분양대상자별 분양예정인 대지 또는 건축물의 추산액 ④ 다음에 해당하는 보류지 등의 명세와 추산액 및 처분방법. 다만, ⓛ의 경우에는 제30조 제1항에 따라 선정된 임대사업자의 성명 및 주소(법인인 경우에는 법인의 명칭 및 소재지와 대표자의 성명 및 주소)를 포함한다. 　　ⓐ 일반 분양분　　　ⓛ 공공지원민간임대주택 　　ⓒ 임대주택　　　　ⓔ 그 밖에 부대시설·복리시설 등 ⑤ 분양대상자별 종전의 토지 또는 건축물 명세 및 사업시행계획인가 고시가 있은 날을 기준으로 한 가격(사업시행계획인가 전에 철거된 건축물은 시장·군수등에게 허가를 받은 날을 기준으로 한 가격) ⑥ 정비사업비의 추산액(재건축사업의 경우에는 재건축부담금에 관한 사항을 포함한다) 및 그에 따른 조합원 분담규모 및 분담시기 ⑦ 분양대상자의 종전 토지 또는 건축물에 관한 소유권 외의 권리명세		

	⑧ 세입자별 손실보상을 위한 권리명세 및 그 평가액
	⑨ 그 밖에 정비사업과 관련한 권리 등에 관하여 대통령령으로 정하는 다음의 사항
	⊙ 현금으로 청산하여야 하는 토지등소유자별 기존의 토지·건축물 또는 그 밖의 권리의 명세와 이에 대한 청산방법
	ⓒ 보류지 등의 명세와 추산가액 및 처분방법
	ⓒ 정비사업의 시행으로 인하여 새롭게 설치되는 정비기반시설의 명세와 용도가 폐지되는 정비기반시설의 명세
	ⓔ 기존 건축물의 철거 예정시기
정비사업에서 재산 또는 권리를 평가방법	「감정평가 및 감정평가사에 관한 법률」에 따른 감정평가법인 등 중 다음의 구분에 따른 감정평가법인 등이 평가한 금액을 산술평균하여 산정한다. 다만, 관리처분계획을 변경·중지 또는 폐지하려는 경우 분양예정 대상인 대지 또는 건축물의 추산액과 종전의 토지 또는 건축물의 가격은 사업시행자 및 토지등소유자 전원이 합의하여 산정할 수 있다. ① 주거환경개선사업 또는 재개발사업 : 시장·군수 등이 선정·계약한 2인 이상의 감정평가법인 등 ② 재건축사업 : 시장·군수 등이 선정·계약한 1인 이상의 감정평가법인 등과 조합총회의 의결로 선정·계약한 1인 이상의 감정평가법인 등

56 도시 및 주거환경정비법령상 관리처분계획에 관한 설명 중 옳은 것은?

① 사업시행자는 사업시행계획인가의 고시가 있은 날부터 90일 이내에 분양신청기간 등을 토지등소유자에게 통지하고, 분양의 대상이 되는 대지 또는 건축물의 내역 등 대통령령으로 정하는 사항을 해당 지역에서 발간되는 일간신문에 공고하여야 한다.

② 분양신청기간은 사업시행인가 고시일부터 30일 이상 60일 이내로 하여야 한다. 다만, 사업시행자는 관리처분계획의 수립에 지장이 없다고 판단되는 경우에는 분양신청기간을 20일의 범위 이내에서 한 차례만 연장할 수 있다.

③ 대지 또는 건축물에 대한 분양을 받고자 하는 토지등소유자는 분양 신청기간 이내에 시장·군수 등에게 대지 또는 건축물에 대한 분양 신청을 하여야 한다.

④ 사업시행자는 관리처분계획이 인가·고시된 날부터 90일 이내에 분양신청을 하지 아니한 자와 토지, 건축물 또는 그 밖의 권리의 손실 보상에 관한 협의를 하여야 한다.

⑤ 과밀억제권역에 위치한 재건축사업의 경우에는 토지등소유자가 소유한 주택수의 범위에서 원칙적으로 3주택까지 공급할 수 있다.

POINT 53 관리처분계획의 일반적 기준

① 종전의 토지 또는 건축물의 면적·이용 상황·환경, 그 밖의 사항을 종합적으로 고려하여 대지 또는 건축물이 균형 있게 분양신청자에게 배분되고 합리적으로 이용되도록 한다.

② 지나치게 좁거나 넓은 토지 또는 건축물은 넓히거나 좁혀 대지 또는 건축물이 적정 규모가 되도록 한다.

③ 너무 좁은 토지 또는 건축물이나 정비구역 지정 후 분할된 토지를 취득한 자에게는 현금으로 청산할 수 있다.

④ 재해 또는 위생상의 위해를 방지하기 위하여 토지의 규모를 조정할 특별한 필요가 있는 때에는 너무 좁은 토지를 넓혀 토지를 갈음하여 보상을 하거나 건축물의 일부와 그 건축물이 있는 대지의 공유지분을 교부할 수 있다.

⑤ 분양설계에 관한 계획은 제72조에 따른 분양신청기간이 만료하는 날을 기준으로 하여 수립한다.

⑥ 1세대 또는 1명이 하나 이상의 주택 또는 토지를 소유한 경우 1주택을 공급하고, 같은 세대에 속하지 아니하는 2명 이상이 1주택 또는 1토지를 공유한 경우에는 1주택만 공급한다.

⑦ 위 ⑥에도 불구하고 다음의 경우에는 각 목의 방법에 따라 주택을 공급할 수 있다.

  ㉠ 2명 이상이 1토지를 공유한 경우로서 시·도조례로 주택공급을 따로 정하고 있는 경우에는 시·도조례로 정하는 바에 따라 주택을 공급할 수 있다.

  ㉡ 다음 어느 하나에 해당하는 토지등소유자에게는 소유한 주택 수만큼 공급할 수 있다.

    ㉮ 과밀억제권역에 위치하지 아니한 재건축사업의 토지등소유자. 다만, 투기과열지구 또는 「주택법」에 따라 지정된 조정대상지역에서 사업시행계획인가(최초 사업시행계획인가를 말한다)를 신청하는 재건축사업의 토지등소유자는 제외한다.

    ㉯ 근로자(공무원인 근로자를 포함한다) 숙소, 기숙사 용도로 주택을 소유하고 있는 토지등소유자

    ㉰ 국가, 지방자치단체 및 토지주택공사 등

  ㉢ 과밀억제권역에 위치한 재건축사업의 경우에는 토지등소유자가 소유한 주택수의 범위에서 3주택까지 공급할 수 있다. 다만, 투기과열지구 또는 「주택법」 제63조에 따라 지정된 조정대상지역에서 사업시행계획인가(최초 사업시행계획인가를 말한다)를 신청하는 재건축사업의 경우에는 그러하지 아니하다.

  ㉣ 사업시행계획인가 고시가 있은 날에 따른 가격의 범위 또는 종전 주택의 주거전용면적의 범위에서 2주택을 공급할 수 있고, 이 중 1주택은 주거전용면적을 60제곱미터 이하로 한다. 다만, 60제곱미터 이하로 공급받은 1주택은 이전고시일 다음 날부터 3년이 지나기 전에는 주택을 전매(매매·증여나 그 밖에 권리의 변동을 수반하는 모든 행위를 포함하되 상속의 경우는 제외한다)하거나 전매를 알선할 수 없다.

🔒 재개발사업의 관리처분은 정비구역의 토지등소유자(지상권자는 제외한다)에게 분양할 것.

🔒 재건축사업의 경우 관리처분은 조합이 조합원 전원의 동의를 받아 그 기준을 따로 정하는 경우에는 그에 따른다.

57 도시 및 주거환경정비법령상 관리처분계획 등에 관한 설명으로 옳은 것은?

① 재개발사업의 관리처분은 정비구역 안의 지상권자에 대한 분양을 포함하여야 한다.

② 재건축사업의 관리처분의 기준은 조합원 전원의 동의를 받더라도 법령상 정하여진 관리처분의 기준과 달리 정할 수 없다.

③ 사업시행자는 폐공가의 밀집으로 범죄발생의 우려가 있는 경우 기존 건축물의 소유자의 동의 및 시장·군수 등의 허가를 얻어 해당 건축물을 미리 철거할 수 있다.

④ 관리처분계획의 인가·고시가 있은 때에는 종전의 토지의 임차권자는 사업시행자의 동의를 받더라도 소유권의 이전고시가 있는 날까지 종전의 토지를 사용할 수 없다.

⑤ 시장·군수 등은 사업시행자의 관리처분계획인가의 신청이 있는 날부터 60일 이내에 인가 여부를 결정하여 사업시행자에게 통보하여야 한다.

POINT 54 관리처분계획 인가·고시의 효과

사용·수익의 제한	종전의 토지 또는 건축물의 소유자·지상권자·전세권자·임차권자 등 권리자는 관리처분계획인가의 고시가 있은 때에는 이전고시가 있는 날까지 종전의 토지 또는 건축물을 사용하거나 수익할 수 없다. 다만, 사업시행자의 동의를 받은 경우이거나 손실보상이 완료되지 아니한 경우에는 그러하지 아니하다.	
지상권 등의 계약의 해지 (용익권자 등의 보호)	① 정비사업의 시행으로 지상권·전세권 또는 임차권의 설정 목적을 달성할 수 없는 때에는 그 권리자는 계약을 해지할 수 있다. ② 계약을 해지할 수 있는 자가 가지는 전세금·보증금 그 밖에 계약상의 금전의 반환청구권은 사업시행자에게 이를 행사할 수 있다. ③ 금전의 반환청구권의 행사에 따라 해당 금전을 지급한 사업시행자는 해당 토지등소유자에게 이를 구상할 수 있다. ④ 사업시행자는 구상(求償)이 되지 아니하는 때에는 해당 토지등소유자에게 귀속될 대지 또는 건축물을 압류할 수 있다. 이 경우 압류한 권리는 저당권과 동일한 효력을 가진다.	
민법 등의 적용배제	관리처분계획의 인가를 받은 경우 지상권·전세권설정계약 또는 임대차계약의 계약기간은 「민법」 제280조·제281조 및 제312조 제2항, 「주택임대차보호법」 제4조 제1항, 「상가건물 임대차보호법」 제9조 제1항을 적용하지 아니한다.	
기존 건축물의 철거	원칙	사업시행자는 관리처분계획인가를 받은 후 기존의 건축물을 철거하여야 한다.
	예외	사업시행자는 다음의 어느 하나에 해당하는 경우에는 관리처분계획인가를 받기 전에 기존 건축물 소유자의 동의 및 시장·군수 등의 허가를 받아 해당 건축물을 철거할 수 있다. 이 경우 건축물의 철거는 토지등소유자로서의 권리·의무에 영향을 주지 아니한다. ① 기존 건축물의 붕괴 등 안전사고의 우려가 있는 경우 ② 폐공가(廢空家)의 밀집으로 범죄발생의 우려가 있는 경우

58 도시 및 주거환경정비법상 관리처분계획 인가·고시의 효과 등에 관한 사항이다. 틀린 것은?

① 관리처분계획 인가·고시가 있은 때에 종전의 토지 또는 건축물의 소유자·지상권자 등 권리자는 소유권 이전의 고시가 있는 날의 다음 날까지 종전의 토지 또는 건축물에 대하여 이를 사용하거나 수익할 수 없다.

② 위 ①의 사용·수익의 정지로 계약을 해지할 수 있는 자가 가지는 전세금 등 계약상의 금전반환청구권은 사업시행자에게 이를 행사할 수 있다.

③ 금전반환청구권의 행사에 따라 해당 금전을 지급한 사업시행자는 해당 토지등소유자에게 이를 구상할 수 있다.

④ 사업시행자는 관리처분계획의 인가를 받은 후 기존의 건축물을 철거하여야 한다.

⑤ 사업시행자는 분양신청을 받은 후 잔여분이 있는 경우에는 정관 등 또는 사업시행계획으로 정하는 목적을 위하여 그 잔여분을 보류지(건축물을 포함한다)로 정하거나 조합원 또는 토지등소유자 이외의 자에게 분양할 수 있다.

POINT 55 준공인가 및 공사완료 등

시장·군수 등이 아닌 사업시행자	① 시장·군수 등이 아닌 사업시행자가 정비사업 공사를 완료한 때에는 대통령령으로 정하는 방법 및 절차에 따라 시장·군수 등의 준공인가 ② 시장·군수 등은 준공검사를 실시한 결과 정비사업이 인가받은 사업시행계획대로 완료되었다고 인정되는 때에는 준공인가를 하고 공사의 완료를 해당 지방자치단체의 공보에 고시하여야 한다.
준공검사실시 의뢰	준공인가신청을 받은 시장·군수 등은 지체 없이 준공검사를 실시하여야 한다. 이 경우 시장·군수 등은 효율적인 준공검사를 위하여 필요한 때에는 관계 행정기관·공공기관·연구기관, 그 밖의 전문기관 또는 단체에게 준공검사의 실시를 의뢰할 수 있다.
시장·군수 등이 직접 시행	시장·군수 등은 직접 시행하는 정비사업에 관한 공사가 완료된 때에는 그 완료를 해당 지방자치단체의 공보에 고시
토지주택공사인 경우의 특례	사업시행자(공동시행자인 경우를 포함한다)가 토지주택공사인 경우로서 「한국토지주택공사법」에 따라 준공인가 처리결과를 시장·군수 등에게 통보한 경우에는 그러하지 아니하다.
준공인가 전 사용허가	시장·군수 등은 준공인가를 하기 전이라도 완공된 건축물이 사용에 지장이 없는 등 대통령령으로 정하는 기준에 적합한 경우에는 입주예정자가 완공된 건축물을 사용할 수 있도록 사업시행자에게 허가할 수 있다.
준공인가 등에 따른 정비구역의 해제	① 정비구역의 지정은 준공인가의 고시가 있는 날(관리처분계획을 수립하는 경우에는 이전고시가 있는 때를 말한다)의 다음 날에 해제된 것으로 본다. ② 위 ①에 따른 정비구역의 해제는 조합의 존속에 영향을 주지 아니한다.

59 도시 및 주거환경정비법령상 정비사업의 준공인가 및 이전고시 등에 관한 설명으로 옳지 않은 것은?

① 시장·군수 등이 아닌 사업시행자는 정비사업에 관한 공사를 완료한 때에는 대통령령이 정하는 방법 및 절차에 의하여 시장·군수 등의 준공인가를 받아야 한다.

② 위 ①의 경우 사업시행자(공동시행자인 경우를 포함한다)가 토지주택공사인 경우로서 「한국토지주택공사법」에 따라 준공인가 처리결과를 시장·군수 등에게 통보한 경우에는 그러하지 아니하다.

③ 시장·군수 등은 준공인가를 하기 전이라도 완공된 건축물이 사용에 지장이 없는 등 대통령령으로 정하는 기준에 적합한 경우에는 입주예정자가 완공된 건축물을 사용할 수 있도록 사업시행자에게 허가할 수 있다.

④ 사업시행자는 준공인가 및 공사완료의 고시가 있는 때에는 지체 없이 대지확정측량을 하고 토지의 분할절차를 거쳐 관리처분계획에서 정한 사항을 분양받을 자에게 통지하고 대지 또는 건축물의 소유권을 이전하여야 한다.

⑤ 정비구역의 지정은 준공인가의 고시가 있는 날(관리처분계획을 수립하는 경우에는 이전고시가 있는 때를 말한다)에 해제된 것으로 본다. 이 경우 지방자치단체는 해당 지역을 「국토의 계획 및 이용에 관한 법률」에 따른 지구단위계획으로 관리하여야 한다.

POINT 56 소유권이전 및 등기

이전고시	사업시행자는 준공인가 및 공사완료의 고시가 있은 때에는 지체 없이 대지확정측량을 하고 토지의 분할절차를 거쳐 관리처분계획에서 정한 사항을 분양받을 자에게 통지하고 대지 또는 건축물의 소유권을 이전하여야 한다.
이전고시 후 보고 및 권리취득	사업시행자는 대지 및 건축물의 소유권을 이전하려는 때에는 그 내용을 해당 지방자치단체의 공보에 고시한 후 시장·군수 등에게 보고하여야 한다. 이 경우 대지 또는 건축물을 분양받을 자는 고시가 있은 날의 다음 날에 그 대지 또는 건축물의 소유권을 취득한다.
지상권 기타 권리자의 보호	대지 또는 건축물을 분양받을 자에게 소유권을 이전한 경우 종전의 토지 또는 건축물에 설정된 지상권·전세권·저당권·임차권·가등기담보권·가압류 등 등기된 권리 및 요건을 갖춘 임차권은 소유권을 이전받은 대지 또는 건축물에 설정된 것으로 본다.
등기 신청	사업시행자는 이전고시가 있은 때에는 지체 없이 대지 및 건축물에 관한 등기를 지방법원지원 또는 등기소에 촉탁 또는 신청하여야 한다.
타등기 제한	또한 정비사업에 관하여 소유권이전의 고시가 있은 날부터 등기가 있을 때까지는 저당권 등의 다른 등기를 하지 못한다.

POINT 57 청산금

청산금의 징수 및 교부	대지 또는 건축물을 분양받은 자가 종전에 소유하고 있던 토지 또는 건축물의 가격과 분양받은 대지 또는 건축물의 가격 사이에 차이가 있는 경우 사업시행자는 이전고시가 있은 후에 그 차액에 상당하는 금액(이하 "청산금"이라 한다)을 분양받은 자로부터 징수하거나 분양받은 자에게 지급하여야 한다.
분할징수 및 지급가능	사업시행자는 정관 등에서 분할징수 및 분할지급을 정하고 있거나 총회의 의결을 거쳐 따로 정한 경우에는 관리처분계획인가 후부터 이전고시가 있은 날까지 일정 기간별로 분할징수하거나 분할지급할 수 있다.
청산금의 강제징수 또는 공탁	① 청산금을 납부할 자가 이를 납부하지 아니하는 경우에는 시장·군수 등인 사업시행자는 지방세 체납처분의 예에 의하여 이를 징수할 수 있으며, 시장·군수 등이 아닌 사업시행자는 시장·군수 등에게 청산금의 징수를 위탁할 수 있다. 이 경우 사업시행자는 징수한 금액의 100분의 4에 해당하는 금액을 해당 시장·군수 등에게 지급하여야 한다. ② 청산금을 지급받을 자가 받을 수 없거나 받기를 거부한 때에는 사업시행자는 그 청산금을 공탁할 수 있다.
청산금의 소멸시효	청산금을 지급(분할지급을 포함한다)받을 권리 또는 이를 징수할 권리는 이전고시일의 다음 날부터 5년간 행사하지 아니하면 소멸한다.
저당권의 물상대위	정비구역에 있는 토지 또는 건축물에 저당권을 설정한 권리자는 사업시행자가 저당권이 설정된 토지 또는 건축물의 소유자에게 청산금을 지급하기 전에 압류절차를 거쳐 저당권을 행사할 수 있다.

60 도시 및 주거환경정비법령상 청산금에 관한 설명으로 틀린 것은?

① 조합 총회의 의결을 거쳐 정한 경우에는 관리처분계획인가 후부터 소유권 이전의 고시일까지 청산금을 분할징수할 수 있다.

② 종전에 소유하고 있던 토지의 가격과 분양받은 대지의 가격은 그 토지의 규모·위치·용도·이용상황·정비사업비 등을 참작하여 평가하여야 한다.

③ 청산금을 납부할 자가 이를 납부하지 아니하는 경우에 시장·군수 등이 아닌 사업시행자는 시장·군수 등에게 청산금의 징수를 위탁할 수 있다.

④ 청산금을 징수할 권리는 소유권 이전의 고시일로부터 5년간 이를 행사하지 아니하면 소멸한다.

⑤ 정비사업의 시행지역 안에 있는 건축물에 저당권을 설정한 권리자는 그 건축물의 소유자가 지급받을 청산금에 대하여 청산금을 지급하기 전에 압류절차를 거쳐 저당권을 행사할 수 있다.

제 4 장 건축법

POINT 58 건축물

건축물의 정의	'건축물'이란 토지에 정착(定着)하는 공작물 중 지붕과 기둥 또는 벽이 있는 것과 이에 딸린 시설물, 지하나 고가(高架)의 공작물에 설치하는 사무소·공연장·점포·차고·창고, 그 밖에 대통령령으로 정하는 것을 말한다.

「건축법」의 적용제외 대상	① 「문화재보호법」에 따른 지정문화재나 임시지정문화재
	② 철도나 궤도의 선로 부지(敷地)에 있는 다음의 시설
	  ㉠ 운전보안시설
	  ㉡ 철도 선로의 위나 아래를 가로지르는 보행시설
	  ㉢ 플랫폼
	  ㉣ 해당 철도 또는 궤도사업용 급수(給水)·급탄(給炭) 및 급유(給油) 시설
	③ 고속도로 통행료 징수시설
	④ 컨테이너를 이용한 간이창고(공장의 용도로만 사용되는 건축물의 대지에 설치하는 것으로서 이동이 쉬운 것만 해당된다)
	⑤ 「하천법」에 따른 하천구역 내의 수문조작실

건축물의 용도-29가지	1. 단독주택　　　　　　　　2. 공동주택　　　　　　　　3. 제1종 근린생활시설 4. 제2종 근린생활시설　　　5. 문화 및 집회시설　　　　6. 종교시설 7. 판매시설　　　　　　　　8. 운수시설　　　　　　　　9. 의료시설 10. 교육연구시설　　　　　 11. 노유자시설　　　　　　 12. 수련시설 13. 운동시설　　　　　　　 14. 업무시설　　　　　　　 15. 숙박시설 16. 위락시설　　　　　　　 17. 공 장 18. 창고시설(위험물 저장 및 처리 시설 또는 그 부속용도에 해당하는 것은 제외한다) 19. 위험물저장 및 처리시설　　 20. 자동차관련시설　　 21. 동물 및 식물관련시설 22. 자원순환관련시설　　　　　 23. 교정시설(제1종 근린생활시설에 해당하는 것은 제외한다) 24. 국방·군사시설(제1종 근린생활시설에 해당하는 것은 제외한다)　　 25. 방송통신시설 26. 발전시설　　　　　　　　　 27. 묘지관련시설　　　　 28. 관광휴게시설 29. 장례시설　　　　　　　　　 30. 야영장 시설

61 건축법령상 건축물과 관련된 설명으로 옳은 것을 모두 고른 것은?

> ㉠ 지하층은 건축물의 바닥이 지표면 아래에 있는 층으로서 바닥에서 지표면까지 평균높이가 해당층 높이의 3분의 1 이상인 것을 말한다.
> ㉡ '재축'이란 기존 건축물의 전부 또는 일부[내력벽·기둥·보·지붕틀(한옥의 경우에는 지붕틀의 범위에서 서까래는 제외한다) 중 셋 이상이 포함되는 경우를 말한다]를 해체하고 그 대지에 종전과 같은 규모의 범위에서 건축물을 다시 축조하는 것을 말한다.
> ㉢ 내력벽을 증설 또는 해체하거나 그 벽면적을 30제곱미터 이상 수선 또는 변경하는 것은 대수선에 해당한다.
> ㉣ 연면적은 하나의 건축물 각 층의 바닥면적의 합계를 말하는 것으로서, 용적률을 산정할 때 층수가 50층 이상인 건축물에 설치하는 피난안전구역의 면적은 연면적에 산입하지 않는다.

① ㉠, ㉡   ② ㉠, ㉢
③ ㉡, ㉢   ④ ㉡, ㉣
⑤ ㉢, ㉣

62 다음 중 건축법 적용대상에 해당하지 않는 건축물은?

① 철도역사   ② 기숙사
③ 오피스텔   ④ 컨테이너를 이용한 간이창고
⑤ 고속도로 관리사무소

63 건축법령상 제1종 근린생활시설에 해당되는 시설은? (단, 동일한 건축물 안에서 당해 용도에 쓰이는 바닥면적의 합계는 $400m^2$임)

① 테니스장   ② 부동산사무소
③ 골프연습장   ④ 일반음식점
⑤ 일용품소매점

POINT 59 공작물 – 특별자치시장·특별자치도지사 또는 시장·군수·구청장에게 신고대상 공작물

공작물	규 모
옹벽, 담장	2m를 넘는 것
장식탑, 기념탑, 첨탑, 광고탑, 광고판, 그 밖에 이와 비슷한 것	4m를 넘는 것
건축물로 분류되지 않는 공작물 중 「신에너지 및 재생에너지 개발·이용·보급 촉진법」에 따른 태양에너지를 이용하는 발전설비 및 동법 제2조 제2호 나목에 따른 풍력을 이용하는 발전설비와 그 밖에 이와 비슷한 것	5m를 넘는 것
굴뚝	6m를 넘는 것
골프연습장 등의 운동시설을 위한 철탑, 주거지역·상업지역에 설치하는 통신용 철탑, 그 밖에 이와 비슷한 것	6m를 넘는 것
기계식 주차장 및 철골조립식 주차장으로서 외벽이 없는 것	8m 이하인 것
고가수조 기타 이와 유사한 것	8m를 넘는 것
지하대피호	바닥면적 $30m^2$를 넘는 것

64 건축법령상 대지를 조성하기 위하여 건축물과 분리하여 공작물을 축조하려는 경우, 특별자치시장·특별자치도지사 또는 시장·군수·구청장에게 신고하여야 하는 공작물에 해당하지 않는 것은? (단, 공용건축물에 대한 특례는 고려하지 않음)

① 상업지역에 설치하는 높이 8미터의 통신용 철탑
② 높이 3미터의 담장
③ 높이 7미터의 굴뚝
④ 바닥면적 40제곱미터의 지하대피호
⑤ 높이 4미터의 장식탑

POINT 60 건축법 적용대상 행위 – 건축

건 축	내 용
신 축	① 건축물이 없는 대지에 새로이 건축물을 축조하는 것 ② 부속건축물만 있는 대지에 새로이 주된 건축물을 축조하는 것 ③ 개축 또는 재축시 기존 건축물보다 면적, 높이를 증가시키는 것
증 축	기존 건축물이 있는 대지에서 건축물의 건축면적, 연면적, 층수 또는 높이를 늘리는 것을 말한다.
개 축	기존 건축물의 전부 또는 일부[내력벽·기둥·보·지붕틀(한옥의 경우에는 지붕틀의 범위에서 서까래는 제외한다) 중 셋 이상이 포함되는 경우를 말한다]를 해체하고 그 대지에 종전과 같은 규모의 범위에서 건축물을 다시 축조하는 것을 말한다
재 축	건축물이 천재지변이나 그 밖의 재해(災害)로 멸실된 경우 그 대지에 다음의 요건을 모두 갖추어 다시 축조하는 것을 말한다. ① 연면적 합계는 종전 규모 이하로 할 것 ② 동수, 층수 및 높이가 모두 종전 규모 이하일 것
이 전	건축물을 그 주요구조부를 해체하지 아니하고 같은 대지 안의 다른 위치로 옮기는 것 🔒 주요구조부란 내력벽·기둥·바닥·보·지붕틀 및 주계단을 말한다. 　다만, 사이 기둥, 최하층 바닥, 작은 보, 차양, 옥외 계단, 그 밖에 이와 유사한 것으로 건축물의 구조상 중요하지 아니한 부분은 제외한다.

65 건축법령상 건축 등에 관한 다음 설명 중 옳은 것은?

① 연면적 100m²인 부속건축물만 있는 대지에 새로 연면적 300m²인 주택을 주된 건축물로 축조하는 것은 증축에 해당한다.

② 연면적 100m²인 주택의 전부를 해체하고 그 대지에 연면적 200m²의 주택을 다시 축조하는 것은 신축에 해당한다.

③ 높이 5m인 기존 주택이 있는 대지에서 높이 8m로 주택의 높이를 늘리는 것은 대수선에 해당한다.

④ 연면적 100m²인 주택이 천재지변으로 멸실된 경우 그 대지에 연면적 100m²인 주택을 다시 축조하는 것은 개축에 해당한다.

⑤ 건축물의 주요구조부를 해체하지 아니하고 다른 대지로 옮기는 것은 이전에 해당한다.

POINT 61 대수선

① 내력벽을 증설 또는 해체하거나 그 벽면적을 30제곱미터 이상 수선 또는 변경하는 것
② 기둥을 증설 또는 해체하거나 세 개 이상 수선 또는 변경하는 것
③ 보를 증설 또는 해체하거나 세 개 이상 수선 또는 변경하는 것
④ 지붕틀(한옥의 경우에는 지붕틀의 범위에서 서까래는 제외한다)을 증설 또는 해체하거나 세 개 이상 수선 또는 변경하는 것
⑤ 방화벽 또는 방화구획을 위한 바닥 또는 벽을 증설 또는 해체하거나 수선 또는 변경하는 것
⑥ 주계단·피난계단 또는 특별피난계단을 증설 또는 해체하거나 수선 또는 변경하는 것
⑦ 다가구주택의 가구 간 경계벽 또는 다세대주택의 세대 간 경계벽을 증설 또는 해체하거나 수선 또는 변경하는 것
⑧ 건축물의 외벽에 사용하는 마감재료를 증설 또는 해체하거나 벽면적 30제곱미터 이상 수선 또는 변경하는 것

66 건축법령상 대수선에 대한 설명으로서 바르지 못한 것은?

① 내력벽을 증설 또는 해체하거나 그 벽면적을 $30m^2$ 이상 수선 또는 변경하는 것

② 기둥을 증설 또는 해체하거나 수선 또는 변경하는 것

③ 방화벽 또는 방화구획을 위한 바닥 또는 벽을 증설 또는 해체하거나 수선 또는 변경하는 것

④ 주계단·피난계단 또는 특별피난계단을 증설·해체하거나 수선·변경하는 것

⑤ 다가구주택의 가구 간 경계벽을 증설 또는 해체하거나 수선 또는 변경하는 것

POINT 62 용도변경 허가 및 신고

허가대상	하위시설군에 속하는 건축물의 용도를 상위시설군에 해당하는 용도로 변경하는 경우
신고대상	상위시설군에 속하는 건축물의 용도를 하위군에 해당하는 용도로 변경하는 경우
건축물대장 기재사항의 변경신청대상	같은 시설군 안에서 용도를 변경하려는 자는 국토교통부령으로 정하는 바에 따라 특별자치시장·특별자치도지사 또는 시장·군수·구청장에게 건축물대장 기재내용의 변경을 신청
사용승인 등에 관한 규정의 준용	① 용도변경의 허가나 신고 대상인 경우로서 용도변경하려는 부분의 바닥면적의 합계가 100제곱미터 이상인 경우의 사용승인에 관하여는 제22조(사용승인에 관한 규정)를 준용 ② 용도변경 허가대상인 경우로서 용도변경하려는 부분의 바닥면적의 합계가 500제곱미터 이상인 용도변경의 설계에 관하여는 건축물의 설계에 관한 규정(제23조)을 준용
복수용도의 인정	건축주는 건축물의 용도를 복수로 하여 건축허가, 건축신고 및 용도변경 허가·신고 또는 건축물대장 기재내용의 변경 신청을 할 수 있다.

[용도변경 시설군]

⊙ 자동차관련시설군	자동차관련시설	
ⓛ 산업등시설군	• 공장　　• 창고시설　　• 운수시설　　• 위험물저장 및 처리시설 • 자원순환관련시설　　• 장례시설　　• 묘지관련시설	
ⓒ 전기통신시설군	• 방송통신시설　　• 발전시설	
ⓓ 문화집회시설군	• 문화 및 집회시설　　• 종교시설　　• 위락시설　　• 관광휴게시설	
ⓜ 영업시설군	• 판매시설　　• 운동시설　　• 숙박시설　　• 제2종 근린생활시설 중 다중생활시설	
ⓗ 교육 및 복지시설군	• 의료시설　　• 교육연구시설　　• 노유자시설　　• 수련시설　　• 야영장 시설	
ⓢ 근린생활시설군	• 제1종 근린생활시설　　• 제2종 근린생활시설(다중생활시설은 제외한다)	
ⓞ 주거업무시설군	• 단독주택　　• 공동주택　　• 업무시설 • 교정시설(제1종 근린생활시설에 해당하는 것은 제외)　　• 국방·군사시설(제1종 근린생활시설에 해당하는 것은 제외)	
ⓩ 그 밖의 시설군	• 동물 및 식물관련시설	

신고 ↓ （왼쪽）　허가 ↑ （오른쪽）

67 건축법령상 사용승인을 받은 건축물의 용도변경에 관한 설명으로 옳은 것은? (단, 조례는 고려하지 않음)

① 특별시나 광역시에 소재하는 건축물인 경우에는 특별시장이나 광역시장의 허가를 받거나 신고하여야 한다.

② 영업시설군에서 문화 및 집회시설군으로 용도변경하는 경우에는 허가를 받아야 한다.

③ 교육 및 복지시설군에서 전기통신시설군으로 용도변경하는 경우에는 신고를 하여야 한다.

④ 같은 시설군 안에서 용도를 변경하려는 경우에는 신고를 하여야 한다.

⑤ 용도변경하려는 부분의 바닥면적의 합계가 100제곱미터 이상인 경우라도 신고대상인 용도변경을 하는 경우에는 건축물의 사용승인을 받을 필요가 없다.

POINT 63 건축에 관한 입지 및 규모의 사전결정

사전결정 신청	① 건축허가 대상 건축물을 건축하려는 자는 건축허가를 신청하기 전에 허가권자에게 그 건축물의 건축에 관한 다음의 사항에 대한 사전결정을 신청할 수 있다. 　㉠ 해당 대지에 건축하는 것이 이 법이나 관계 법령에서 허용되는지 여부 　㉡ 이 법 또는 관계 법령에 따른 건축기준 및 건축제한, 그 완화에 관한 사항 등을 고려하여 해당 대지에 건축 가능한 건축물의 규모 　㉢ 건축허가를 받기 위하여 신청자가 고려하여야 할 사항 ② 사전결정을 신청하는 자는 건축위원회 심의와 교통영향평가서의 검토를 동시에 신청할 수 있다.
사전환경성 검토에 대한 협의 및 통지	① 허가권자는 사전결정이 신청된 건축물의 대지면적이 「환경영향평가법」에 따른 소규모 환경영향평가 대상사업인 경우 환경부장관이나 지방환경관서의 장과 소규모 환경영향평가에 관한 협의를 하여야 한다. ② 허가권자는 사전결정의 신청을 받으면 입지, 건축물의 규모, 용도 등을 사전결정한 후 사전결정서를 사전결정일부터 7일 이내에 사전결정을 신청한 자에게 송부하여 사전결정 신청자에게 알려야 한다.
타 법률에 의한 허가 또는 신고의제	① 사전결정을 통지받은 경우에는 다음의 허가를 받거나 신고 또는 협의를 한 것으로 본다. 　㉠ 「국토의 계획 및 이용에 관한 법률」 제56조에 따른 개발행위허가 　㉡ 「산지관리법」 제14조와 제15조에 따른 산지전용허가와 산지전용신고, 다만, 보전산지인 경우에는 도시지역만 해당된다. 　㉢ 「농지법」 제34조, 제35조 및 제43조에 따른 농지전용허가 · 신고 및 협의 　㉣ 「하천법」 제33조에 따른 하천점용허가 ② 허가권자는 위 ①의 어느 하나에 해당되는 내용이 포함된 사전결정을 하는 경우에는 미리 관계 행정기관의 장과 협의하여야 하며, 협의를 요청받은 관계 행정기관의 장은 요청받은 날부터 15일 이내에 의견을 제출하여야 한다.
사전결정효력 의 상실	사전결정신청자는 사전결정을 통지받은 날부터 2년 이내에 건축허가를 신청하여야 하며, 이 기간 내에 건축허가를 신청하지 아니하는 경우에는 사전결정의 효력이 상실된다.

68 건축법령상 건축 관련 입지와 규모의 사전결정에 관한 설명으로 옳지 않은 것은?

① 건축허가 대상 건축물을 건축하려는 자는 건축허가를 신청하기 전에 허가권자에게 이 법 또는 관계 법령에 따른 건축기준 및 건축제한, 그 완화에 관한 사항 등을 고려하여 해당 대지에 건축 가능한 건축물의 규모에 대하여 사전결정을 신청할 수 있다.

② 사전결정신청자는 건축위원회 심의와 「도시교통정비 촉진법」에 따른 교통영향평가서의 검토를 동시에 신청할 수 있다.

③ 사전결정통지를 받은 경우 「국토의 계획 및 이용에 관한 법률」 제56조에 따른 개발행위허가를 받은 것으로 본다.

④ 허가권자는 사전결정의 신청을 받으면 입지, 건축물의 규모, 용도 등을 사전결정한 후 사전결정서를 사전결정일부터 7일 이내에 사전결정을 신청한 자에게 송부하여 사전결정 신청자에게 알려야 한다.

⑤ 사전결정신청자가 사전결정을 통지받은 날부터 3년 이내에 건축허가를 신청하지 아니하면 사전결정의 효력이 상실된다.

POINT 64 건축허가 등

허가권자	원 칙	특별자치시장, 특별자치도지사, 시장·군수·구청장
	예 외	특별시장 또는 광역시장 ① 21층 이상인 건축물　② 연면적의 합계가 10만㎡ 이상인 건축물(공장, 창고는 제외한다)
허가 전 사전승인	시장·군수	미리 도지사의 승인
	대상건축물	① 층수가 21층 이상이거나 연면적의 합계가 10만㎡ 이상인 건축물[공장, 창고는 제외한다 - 연면적의 10분의 3 이상을 증축하여 층수가 21층 이상으로 되거나 연면적의 합계가 10만㎡ 이상으로 되는 경우를 포함한다]. 다만, 도시환경, 광역교통 등을 고려하여 해당 도의 조례로 정하는 건축물은 제외한다. ② 자연환경 또는 수질보호를 위하여 도지사가 지정·공고하는 구역 안에 건축하는 3층 이상 또는 연면적 합계 1천㎡ 이상의 건축물로서 위락시설 및 숙박시설·공동주택·제2종 근린생활시설(일반음식점에 한한다)·업무시설(일반업무시설에 한한다) 등에 해당하는 건축물 ③ 주거환경 또는 교육환경 등 주변환경의 보호상 필요하다고 인정하여 도지사가 지정·공고하는 구역 안에 건축하는 위락시설 및 숙박시설의 건축물
건축허가의 제한	국토교통부 장관의 제한	국토교통부장관은 국토관리상 특히 필요하다고 인정하거나 주무부장관이 국방·문화재보존·환경보전 또는 국민경제상 특히 필요하다고 인정하여 요청하는 경우에는 허가권자의 건축허가나 허가를 받은 건축물의 착공을 제한
	특별시장·광 역시장·도지 사의 제한	① 특별시장·광역시장·도지사는 지역계획이나 도시·군계획상 특히 필요하다고 인정하는 경우에는 시장·군수·구청장의 건축허가나 허가를 받은 건축물의 착공을 제한할 수 있다. ② 특별시장·광역시장·도지사는 시장·군수·구청장의 건축허가나 건축물의 착공을 제한한 경우 즉시 국토교통부장관에게 보고하여야 하며, 보고를 받은 국토교통부장관은 제한 내용이 지나치다고 인정하면 해제를 명할 수 있다.
	제한기간	허가나 건축물의 착공을 제한하는 경우 제한기간은 2년 이내로 한다. 다만, 1회에 한하여 1년 이내의 범위에서 제한기간을 연장 가능
건축허가의 거부		다음의 어느 하나에 해당하는 경우에는 이 법이나 다른 법률에도 불구하고 건축위원회의 심의를 거쳐 건축허가를 하지 아니할 수 있다. ① 위락시설이나 숙박시설에 해당하는 건축물의 건축을 허가하는 경우 해당 대지에 건축하려는 건축물의 용도·규모 또는 형태가 주거환경이나 교육환경 등 주변 환경을 고려할 때 부적합하다고 인정되는 경우 ② 방재지구 및 자연재해위험개선지구 등 상습적으로 침수되거나 침수가 우려되는 지역에 건축하려는 건축물에 대하여 지하층 등 일부 공간을 주거용으로 사용하거나 거실을 설치하는 것이 부적합하다고 인정되는 경우
건축허가의 취소(의무적 취소사유)		허가권자는 허가를 받은 자가 다음의 어느 하나에 해당하면 허가를 취소하여야 한다. 정당한 이유가 있다고 인정하는 경우에는 1년의 범위 안에서 그 공사의 착수기간을 연장할 수 있다. ① 허가를 받은 날부터 2년(공장의 신설·증설 또는 업종변경의 승인을 받은 공장은 3년) 이내에 공사에 착수하지 아니한 경우 ② 위 ①의 기간 이내에 공사에 착수하였으나 공사의 완료가 불가능하다고 인정되는 경우 ③ 착공신고 전에 경매 또는 공매 등으로 건축주가 대지의 소유권을 상실한 때부터 6개월이 경과한 이후 공사의 착수가 불가능하다고 판단되는 경우

69 건축법령상 건축허가와 건축신고 등에 관한 설명으로 틀린 것은?

① 허가대상건축물이라 하더라도 바닥면적의 합계가 85제곱미터 이내의 증축인 경우에는 건축신고를 하면 건축허가를 받은 것으로 본다.

② 시장·군수는 연면적의 합계가 10만m² 이상인 건축물의 건축을 허가하려면 미리 도지사의 승인을 얻어야 한다.

③ 국가가 건축물을 건축하기 위하여 미리 건축물의 소재지를 관할하는 허가권자와 협의한 경우에는 건축허가를 받았거나 신고한 것으로 본다.

④ 건축신고를 한 자가 신고일부터 2년 이내에 공사에 착수하지 아니하면 그 신고의 효력은 없어진다. 다만, 건축주의 요청에 따라 허가권자가 정당한 사유가 있다고 인정하면 1년의 범위에서 착수기한을 연장할 수 있다.

⑤ 특별시장·광역시장·도지사가 시장·군수·구청장의 건축허가를 제한하는 경우 제한기간은 2년 이내로 하되, 1회에 한하여 1년 이내의 범위에서 연장할 수 있다.

70 건축법령상 건축허가와 그 제한 및 취소에 관한 설명 중 틀린 것은?

① 21층 이상의 건축물을 특별시 또는 광역시에 건축하고자 하는 경우에는 특별시장 또는 광역시장의 허가를 받아야 한다.

② 허가권자는 숙박시설에 해당하는 건축물이 주거환경 등 주변환경을 감안할 때 부적합하다고 인정하는 경우 건축위원회의 심의를 거쳐 건축허가를 하지 아니할 수 있다.

③ 건축허가 또는 건축물의 착공을 제한하는 경우 그 제한기간은 2년 이내로 하되, 1회에 한하여 1년 이내의 범위에서 그 제한기간을 연장할 수 있다.

④ 특별시장·광역시장·도지사가 시장·군수·구청장의 건축허가 또는 건축물의 착공을 제한한 경우에는 즉시 국토교통부장관에게 보고하여야 하며, 국토교통부장관은 제한내용이 지나치다고 인정하면 해제를 명할 수 있다.

⑤ 허가권자는 건축허가를 받은 자가 그 허가를 받은 날부터 1년 이내에 공사에 착수하지 않거나 공사를 착수하였으나 공사의 완료가 불가능하다고 인정하는 경우에는 허가를 취소하여야 한다.

POINT 65 건축신고 대상

공사착수 및 효력상실	건축신고를 한 자가 신고일로부터 1년 이내에 공사에 착수하지 아니한 경우에는 그 신고의 효력을 상실. 1년의 범위에서 착수기한을 연장가능
신고대상	① 바닥면적의 합계가 85제곱미터 이내의 증축·개축 또는 재축 ② 관리지역, 농림지역 또는 자연환경보전지역에서 연면적이 200제곱미터 미만이고 3층 미만인 건축물의 건축(지구단위계획구역, 방재지구, 붕괴위험지역에서는 허가받음) ③ 연면적이 200제곱미터 미만이고 3층 미만인 건축물의 대수선 ④ 주요구조부의 해체가 없는 등 대통령령으로 정하는 다음의 대수선 　㉠ 내력벽의 면적을 30제곱미터 이상 수선하는 것 　㉡ 기둥을 세 개 이상 수선하는 것 　㉢ 보를 세 개 이상 수선하는 것 　㉣ 지붕틀을 세 개 이상 수선하는 것 　㉤ 방화벽 또는 방화구획을 위한 바닥 또는 벽을 수선하는 것 　㉥ 주계단·피난계단 또는 특별피난계단을 수선하는 것 ⑤ 그 밖에 소규모 건축물로서 대통령령으로 정하는 다음의 건축물의 건축 　㉠ 연면적의 합계가 100제곱미터 이하인 건축물 　㉡ 건축물의 높이를 3미터 이하의 범위에서 증축하는 건축물 　㉢ 표준설계도서에 따라 건축하는 건축물로서 건축조례로 정하는 건축물 　㉣ 공업지역, 지구단위계획구역(산업·유통형만 해당) 및 산업단지에서 건축하는 2층 이하인 건축물로서 연면적 합계 500제곱미터 이하인 공장 　㉤ 농업이나 수산업을 경영하기 위하여 읍·면지역에서 건축하는 연면적 200제곱미터 이하의 창고 및 연면적 400제곱미터 이하의 축사·작물재배사, 종묘배양시설, 화초 및 분재 등의 온실

71 건축법령상 건축신고대상으로 틀린 것은?

① 바닥면적의 합계가 60m²인 증축
② 연면적이 150m²이고 층수가 3층인 건축물의 대수선
③ 지구단위계획구역으로 지정되지 않은 농림지역에서 연면적이 200m² 미만이고 층수가 3층 미만인 건축물의 건축
④ 연면적의 합계가 100m²이하인 건축물의 신축
⑤ 건축물의 높이를 3m 증축하는 행위

POINT 66 대지의 조경

조경의무	면적이 200제곱미터 이상인 대지에 건축을 하는 건축주는 용도지역 및 건축물의 규모에 따라 해당 지방자치단체의 조례로 정하는 기준에 따라 대지에 조경이나 그 밖에 필요한 조치를 하여야 한다.
조경이 불필요한 건축물	① 녹지지역에 건축하는 건축물 ② 다음의 공장 　㉠ 면적 5천m² 미만인 대지에 건축하는 공장 　㉡ 연면적의 합계가 1천 5백m² 미만인 공장 　㉢ 산업단지 안의 공장 ③ 대지에 염분이 함유되어 있는 경우 또는 건축물의 용도의 특성상 조경 등의 조치를 하기가 곤란하거나 조경 등의 조치를 하는 것이 불합리한 경우로서 건축조례가 정하는 건축물 ④ 축사 ⑤ 건축허가대상 가설건축물 ⑥ 연면적의 합계가 1천 5백m² 미만인 물류시설(주거지역 또는 상업지역에 건축하는 것을 제외함)로서 국토교통부령이 정하는 것 ⑦ 「국토의 계획 및 이용에 관한 법률」에 의하여 지정된 자연환경보전지역·농림지역 또는 관리지역(지구단위계획구역으로 지정된 지역은 제외한다) 안의 건축물
옥상조경	건축물의 옥상에 조경 기타 필요한 조치를 하는 경우에는 옥상부분의 조경면적의 3분의 2에 해당하는 면적을 대지 안의 조경면적으로 산정할 수 있다. 이 경우 조경면적으로 산정하는 면적은 대지 조경면적의 100분의 50을 초과할 수 없다.

POINT 67 공개공지

설치대상지역	① 일반주거지역 ② 준주거지역 ③ 상업지역 ④ 준공업지역 ⑤ 특별자치시장·특별자치도지사 또는 시장·군수·구청장이 도시화의 가능성이 크거나 노후 산업단지의 정비가 필요하다고 인정하여 지정·공고하는 지역
확보 대상건축물	① 문화 및 집회시설, 종교시설, 판매시설(「농수산물 유통 및 가격안정에 관한 법률」에 따른 농수산물유통시설은 제외한다), 운수시설(여객용 시설만 해당한다), 숙박시설 및 업무시설로서 해당 용도로 쓰는 바닥면적의 합계가 5천 제곱미터 이상인 건축물 ② 그 밖에 다중이 이용하는 시설로서 건축조례로 정하는 건축물
공개공지 등의 확보면적 등	대지면적의 100분의 10 이하의 범위에서 건축조례로 정함
건축기준의 완화적용	① 용적률은 해당 지역에 적용되는 용적률의 1.2배 이하 ② 건축물의 높이 제한은 해당 건축물에 적용되는 높이기준의 1.2배 이하
공개공지에서의 문화행사 및 판촉활동	연간 60일 이내의 기간 동안 건축조례로 정하는 바에 따라 주민들을 위한 문화행사를 열거나 판촉활동을 할 수 있다. 다만, 울타리를 설치하는 등 공중이 해당 공개공지 등을 이용하는데 지장을 주는 행위를 해서는 아니 된다.

72 건축법령상 대지의 조경 및 공개공지 등의 설치에 관한 설명으로 옳은 것은? (단, 「건축법」제73조에 따른 적용 특례 및 조례는 고려하지 않음)

① 도시·군계획시설에서 건축하는 연면적의 합계가 1,500m² 이상인 가설건축물에 대하여는 조경 등의 조치를 하여야 한다.

② 면적 5천m² 미만인 대지에 건축하는 공장에 대하여는 조경 등의 조치를 하지 아니할 수 있다.

③ 녹지지역에 건축하는 창고에 대해서는 조경 등의 조치를 하여야 한다.

④ 상업지역의 건축물에 설치하는 공개공지 등의 면적은 대지면적의 100분의 10 이상이어야 한다.

⑤ 공개공지 등을 설치하는 경우 건축물의 건폐율은 완화하여 적용할 수 있으나, 건축물의 높이제한은 완화하여 적용할 수 없다.

POINT 68 도로 및 대지와 도로와의 관계 및 건축선

<table>
<tr>
<td rowspan="4">도 로</td>
<td colspan="2">원 칙</td>
<td colspan="2">"도로"란 보행과 자동차 통행이 가능한 너비 4미터 이상의 도로 및 그 예정도로</td>
</tr>
<tr>
<td colspan="2">지형적 조건으로
차량통행이 불가능한 도로</td>
<td colspan="2">특별자치시장·특별자치도지사 또는 시장·군수·구청장이 지형적 조건으로 인하여 차량 통행을 위한 도로의 설치가 곤란하다고 인정하여 그 위치를 지정·공고하는 구간의 너비 3미터 이상인 도로</td>
</tr>
<tr>
<td rowspan="2">막다른 도로</td>
<td>10m 미만</td>
<td colspan="2">2m 이상</td>
</tr>
<tr>
<td>10m 이상 35m 미만</td>
<td colspan="2">3m 이상</td>
</tr>
<tr>
<td></td>
<td></td>
<td>35m 이상</td>
<td colspan="2">6m 이상(도시지역이 아닌 읍·면에서는 4m 이상)</td>
</tr>
<tr>
<td>도로의 지정·폐지
및 변경</td>
<td colspan="2"></td>
<td colspan="2">① 허가권자는 도로의 위치를 지정·공고하려면 국토교통부령으로 정하는 바에 따라 그 도로에 대한 이해관계인의 동의를 받아야 한다.
② 다만, 다음에 해당하는 경우에는 이해관계인의 동의를 얻지 아니하고 건축위원회의 심의를 거쳐 도로를 지정할 수 있다.
  ㉠ 허가권자가 이해관계인이 해외에 거주하는 등의 사유로 이해관계인의 동의를 받기가 곤란하다고 인정하는 경우
  ㉡ 주민이 오랫 동안 통행로로 이용하고 있는 사실상의 통로로서 해당 지방자치단체의 조례로 정하는 것인 경우
③ 허가권자는 지정한 도로를 폐지하거나 변경하려면 그 도로에 대한 이해관계인의 동의를 받아야 한다.</td>
</tr>
<tr>
<td rowspan="3">대지와 도로와의
관계</td>
<td colspan="2">원 칙</td>
<td colspan="2">대지는 2m 이상이 도로(자동차만의 통행에 사용되는 도로는 제외한다)에 접하여야 한다.</td>
</tr>
<tr>
<td colspan="2">예 외</td>
<td colspan="2">① 해당 건축물의 출입에 지장이 없다고 인정되는 경우
② 건축물의 주변에 대통령령이 정하는 공지(광장·공원·유원지 기타 관계법령에 의하여 건축이 금지되고 공중의 통행에 지장이 없는 공지로서 허가권자가 인정한 것)가 있는 경우
③ 「농지법」에 따른 농막을 건축하는 경우</td>
</tr>
<tr>
<td colspan="2">강화되는 경우</td>
<td colspan="2">연면적의 합계가 2천m² (공장인 경우에는 3천m²) 이상인 건축물(축사, 작물 재배사, 그 밖에 이와 비슷한 건축물로서 건축조례로 정하는 규모의 건축물은 제외한다)의 대지는 너비 6m 이상의 도로에 4m 이상 접하여야 한다.</td>
</tr>
<tr>
<td>건축선</td>
<td colspan="2"></td>
<td colspan="2">건축선은 대지와 도로의 경계선으로 한다.</td>
</tr>
<tr>
<td>소요너비에 미달하는
도로에서의 건축선</td>
<td colspan="2"></td>
<td colspan="2">① 소요너비에 못 미치는 너비의 도로인 경우에는 그 중심선으로부터 그 소요 너비의 2분의 1의 수평거리만큼 물러난 선
② 그 도로의 반대쪽에 경사지, 하천, 철도, 선로부지 그 밖에 이와 유사한 것이 있는 경우에는 그 경사지 등이 있는 쪽의 도로경계선에서 소요너비에 해당하는 수평거리의 선</td>
</tr>
<tr>
<td>지정건축선</td>
<td colspan="2"></td>
<td colspan="2">특별자치시장·특별자치도지사, 시장·군수·구청장은 시가지 안에 있어서 건축물의 위치를 정비하거나 환경을 정비하기 위하여 필요하다고 인정할 때에는 도시지역에는 4m 이하의 범위에서 건축선을 따로 지정</td>
</tr>
<tr>
<td>대지면적의 산정특례</td>
<td colspan="2"></td>
<td colspan="2">① 소요너비 미달도로와 도로모퉁이의 건축선인 경우에는 도로와 건축선 사이의 면적은 해당 대지의 대지면적을 산정하는 경우에 이를 '제외'한다.
② 특별자치시장, 특별자치도지사, 시장·군수·구청장이 따로 지정하는 경우에 있어서는 도로와 건축선 사이의 면적은 해당 대지의 대지면적을 산정하는 경우에 이를 '포함'한다.</td>
</tr>
<tr>
<td>건축선에 의한
건축제한</td>
<td colspan="2"></td>
<td colspan="2">① 건축물과 담장은 건축선의 수직면(垂直面)을 넘어서는 아니 된다. 다만, 지표(地表) 아래 부분은 그러하지 아니하다.
② 도로면으로부터 높이 4.5m 이하에 있는 출입구, 창문, 그 밖에 이와 유사한 구조물은 열고 닫을 때 건축선의 수직면을 넘지 아니하는 구조로 하여야 한다.</td>
</tr>
</table>

73 다음은 건축선에 관한 설명이다. 틀린 것은?

① 건축선이란 도로와 접한 부분에 있어서 건축물을 건축할 수 있는 선을 말하며, 일반적으로 대지와 도로의 경계선이 건축선이 된다.

② 소요너비에 못미치는 너비의 도로가 있고 당해 도로의 반대쪽에 경사지, 하천, 철도, 선로부지 등이 있는 경우에는 당해 도로의 중심선으로부터 소요너비에 상당하는 수평거리의 선을 건축선으로 한다.

③ 너비가 4m 이상 8m 미만이고 교차각이 120° 미만인 경우에는 도로모퉁이 부분의 건축선에 관한 규정이 적용된다.

④ 특별자치시장, 특별자치도지사, 시장·군수·구청장은 도시지역에서 건축물의 위치를 정비하거나 환경을 정비하기 위하여 필요하다고 인정하는 경우에는 4m 이하의 범위 안에서 건축선을 따로 지정할 수 있다. 이 경우 지정 건축선과 도로 사이의 부분은 대지면적에 포함된다.

⑤ 건축물 및 담장은 건축선의 수직면을 넘어서는 아니 된다. 다만, 지표 아래의 부분은 그러하지 아니하다.

POINT 69 건축구조 안전 등 – 구조안전 확인

① 층수가 2층[주요구조부인 기둥과 보를 설치하는 건축물로서 그 기둥과 보가 목재인 목구조 건축물의 경우에는 3층] 이상인 건축물
② 연면적이 200제곱미터(목구조 건축물의 경우에는 500제곱미터) 이상인 건축물. 다만, 창고, 축사, 작물 재배사는 제외한다.
③ 높이가 13미터 이상인 건축물
④ 처마높이가 9미터 이상인 건축물
⑤ 기둥과 기둥 사이의 거리가 10미터 이상인 건축물
⑥ 건축물의 용도 및 규모를 고려한 중요도가 높은 건축물로서 국토교통부령으로 정하는 건축물
⑦ 국가적 문화유산으로 보존할 가치가 있는 건축물로서 국토교통부령으로 정하는 것
⑧ 제2조제18호가목(한쪽 끝은 고정되고 다른 끝은 지지(支持)되지 아니한 구조로 된 보·차양 등이 외벽의 중심선으로부터 3미터 이상 돌출된 건축물) 및 다목(특수한 설계·시공·공법 등이 필요한 건축물로서 국토교통부장관이 정하여 고시하는 구조로 된 건축물)의 건축물
⑨ 별표 1 제1호의 단독주택 및 제2호의 공동주택

74 건축법령상 구조 안전 확인 건축물 중 건축주가 착공신고시 구조 안전 확인 서류를 제출하여야 하는 건축물이 아닌 것은? (단, 건축법상 적용 제외 및 특례는 고려하지 않음)

① 단독주택
② 처마높이가 10미터인 건축물
③ 기둥과 기둥 사이의 거리가 10미터인 건축물
④ 연면적이 330제곱미터인 2층의 목구조 건축물
⑤ 다세대주택

75 건축법령상 건축물의 피난시설 등에 관한 설명으로 옳은 것은?

① 옥상광장 또는 2층 이상인 층에 있는 노대(露臺)나 그 밖에 이와 비슷한 것의 주위에는 높이 1.5m 이상의 난간을 설치하여야 한다.
② 5층 이상인 층이 문화 및 집회시설, 종교시설, 판매시설 등의 용도로 쓰는 경우에는 피난 용도로 쓸 수 있는 광장을 옥상에 설치하여야 한다.
③ 층수가 11층 이상인 건축물로서 11층 이상인 층의 바닥면적의 합계가 5,000m² 이상인 건축물의 옥상에는 헬리포트를 설치하여야 한다.
④ 건축물의 피난층 외의 층에서는 피난층 또는 지상으로 통하는 직통계단을 거실의 각 부분으로부터 계단에 이르는 보행거리가 50m 이하가 되도록 설치하여야 한다.
⑤ 오피스텔에 거실 바닥으로부터 높이 1.5m 이하 부분에 여닫을 수 있는 창문을 설치하는 경우에는 국토교통부령으로 정하는 기준에 따라 추락방지를 위한 안전시설을 설치하여야 한다.

POINT 70 건축면적·바닥면적·연면적

건축면적	원 칙	건축물의 외벽(외벽이 없는 경우에는 외곽 부분의 기둥을 말한다)의 중심선으로 둘러싸인 부분의 수평투영면적
	예 외	다음의 경우에는 건축면적에 산입하지 아니한다. ① 지표면으로부터 1미터 이하에 있는 부분 ② 건축물 지상층에 일반인이나 차량이 통행할 수 있도록 설치한 보행통로나 차량통로 ③ 지하주차장의 경사로 ④ 건축물 지하층의 출입구 상부 ⑤ 생활폐기물 보관함(음식물쓰레기, 의류 등의 수거함을 말한다)
바닥면적	원 칙	바닥면적이란 건축물의 각 층 또는 그 일부로서 벽, 기둥, 그 밖에 이와 비슷한 구획의 중심선으로 둘러싸인 부분의 수평투영면적
	예 외	① 벽·기둥의 구획이 없는 건축물은 그 지붕 끝부분으로부터 수평거리 1미터를 후퇴한 선으로 둘러싸인 수평투영면적으로 한다. ② 건축물의 노대 등의 바닥은 난간 등의 설치 여부에 관계없이 노대등의 면적에서 노대등이 접한 가장 긴 외벽에 접한 길이에 1.5미터를 곱한 값을 뺀 면적을 바닥면적에 산입한다. ③ 필로티나 그 밖에 이와 비슷한 구조의 부분은 그 부분이 공중의 통행이나 차량의 통행 또는 주차에 전용되는 경우와 공동주택의 경우에는 바닥면적에 산입하지 아니한다. ④ 승강기탑, 계단탑, 장식탑, 다락[층고(層高)가 1.5미터(경사진 형태의 지붕인 경우에는 1.8미터) 이하인 것만 해당한다], 건축물의 외부 또는 내부에 설치하는 굴뚝, 더스트슈트, 설비덕트, 그 밖에 이와 비슷한 것과 옥상·옥외 또는 지하에 설치하는 물탱크, 기름탱크, 냉각탑, 정화조, 도시가스 정압기, 그 밖에 이와 비슷한 것을 설치하기 위한 구조물은 바닥면적에 산입하지 아니한다. ⑤ 공동주택으로서 지상층에 설치한 기계실, 전기실, 어린이놀이터, 조경시설 및 생활폐기물 보관함의 면적은 바닥면적에 산입하지 아니한다. ⑥ 건축물을 리모델링하는 경우로서 미관 향상, 열의 손실 방지 등을 위하여 외벽에 부가하여 마감재 등을 설치하는 부분은 바닥면적에 산입하지 아니한다.
연면적	원 칙	연면적이란 하나의 건축물 각 층의 바닥면적의 합계
	용적률 적용시 제외대상	① 지하층의 면적 ② 지상층의 주차용(해당 건축물의 부속용도인 경우만 해당한다)으로 쓰는 면적 ③ 초고층 건축물과 준초고층 건축물에 설치하는 피난안전구역의 면적 ④ 건축물의 경사지붕 아래에 설치하는 대피공간의 면적

POINT 71 높이의 산정기준

원칙	건축물의 높이는 지표면으로부터 그 건축물의 상단까지의 높이[건축물의 1층 전체에 필로티(건축물을 사용하기 위한 경비실, 계단실, 승강기실, 그 밖에 이와 비슷한 것을 포함한다)가 설치되어 있는 경우에는 필로티의 층고를 제외한 높이]]
예외	건축물의 옥상에 설치되는 승강기탑·계단탑·망루·장식탑·옥탑 등으로서 그 수평투영면적의 합계가 해당 건축물 건축면적의 8분의 1(「주택법」에 따른 사업계획승인 대상인 공동주택 중 세대별 전용면적이 85제곱미터 이하인 경우에는 6분의 1) 이하인 경우로서 그 부분의 높이가 12미터를 넘는 경우에는 그 넘는 부분만 해당 건축물의 높이에 산입한다.
층고	층고란 방의 바닥구조체 윗면으로부터 위층 바닥구조체의 윗면까지의 높이
층수	승강기탑(옥상 출입용 승강장을 포함한다), 계단탑, 망루, 장식탑, 옥탑, 그 밖에 이와 비슷한 건축물의 옥상 부분으로서 그 수평투영면적의 합계가 해당 건축물 건축면적의 8분의 1 이하인 것과 지하층은 건축물의 층수에 산입하지 아니하고, 층의 구분이 명확하지 아니한 건축물은 그 건축물의 높이 4미터마다 하나의 층으로 보고 그 층수를 산정하며, 건축물이 부분에 따라 그 층수가 다른 경우에는 그 중 가장 많은 층수를 그 건축물의 층수로 본다.
반자높이	방의 바닥면으로부터 반자까지의 높이로 한다. 다만, 한 방에서 반자높이가 다른 부분이 있는 경우에는 그 각 부분의 반자면적에 따라 가중평균한 높이로 한다.

76 다음은 건축법령상 면적·높이 등의 산정방법에 대한 설명이다. 틀린 것은?

① 벽·기둥의 구획이 없는 건축물은 그 지붕 끝부분으로부터 수평거리 1.5미터를 후퇴한 선으로 둘러싸인 수평투영면적으로 한다.

② 필로티나 그 밖에 이와 비슷한 구조(벽면적의 2분의 1 이상이 그 층의 바닥면에서 위층 바닥 아래면까지 공간으로 된 것만 해당한다)의 부분은 그 부분이 공중의 통행이나 차량의 통행 또는 주차에 전용되는 경우와 공동주택의 경우에는 바닥면적에 산입하지 아니한다.

③ 승강기탑(옥상 출입용 승강장을 포함한다), 계단탑, 장식탑, 다락[층고(層高)가 1.5미터(경사진 형태의 지붕인 경우에는 1.8미터) 이하인 것만 해당한다], 건축물의 내부에 설치하는 냉방설비 배기장치 전용 설치공간 등의 구조물은 바닥면적에 산입하지 아니한다.

④ 건축물의 옥상에 설치되는 승강기탑·계단탑·망루·장식탑·옥탑 등으로서 그 수평투영면적의 합계가 해당 건축물 건축면적의 8분의 1 이하인 경우로서 그 부분의 높이가 12미터를 넘는 경우에는 그 넘는 부분만 해당 건축물의 높이에 산입한다.

⑤ 건축물의 노대 등의 바닥은 난간 등의 설치 여부에 관계없이 노대 등의 면적에서 노대가 접한 가장 긴 외벽에 접한 길이에 1.5미터를 곱한 값을 뺀 면적을 바닥면적에 산입한다.

POINT 72 특별건축구역

제도적 목적	특별건축구역이란 조화롭고 창의적인 건축물의 건축을 통하여 도시경관의 창출, 건설기술 수준향상 및 건축 관련 제도개선을 도모하기 위하여 이 법 또는 관계 법령에 따라 일부 규정을 적용하지 아니하거나 완화 또는 통합하여 적용할 수 있도록 특별히 지정하는 구역	
지정권자	국토교통부장관이 지정하는 경우	① 국가가 국제행사 등을 개최하는 도시 또는 지역의 사업구역 ② 관계법령에 따른 국가정책사업으로서 대통령령으로 정하는 다음의 사업구역 　㉠ 행정중심복합도시의 사업구역　　㉡ 혁신도시의 사업구역　　㉢ 경제자유구역 　㉣ 택지개발사업구역　　　　　　　㉤ 도시개발구역
	시 · 도지사가 지정하는 경우	① 지방자치단체가 국제행사 등을 개최하는 도시 또는 지역의 사업구역 ② 관계법령에 따른 도시개발 · 도시재정비 및 건축문화 진흥사업으로서 건축물 또는 공간환경을 조성하기 위하여 대통령령으로 정하는 다음의 사업구역 　㉠ 경제자유구역　　　㉡ 택지개발사업구역　　　㉢ 정비구역　　　㉣ 도시개발구역 　㉤ 재정비촉진구역　　㉥ 국제자유도시의 사업구역　　㉦ 관광지, 관광단지 또는 관광특구
지정불가대상지역	① 개발제한구역　　② 자연공원　　③ 접도구역　　④ 보전산지	
지정의 해제	국토교통부장관 또는 시 · 도지사는 다음의 어느 하나에 해당하는 경우에는 특별건축구역의 전부 또는 일부에 대하여 지정을 해제할 수 있다. ① 지정신청기관의 요청이 있는 경우 ② 거짓이나 그 밖의 부정한 방법으로 지정을 받은 경우 ③ 특별건축구역 지정일부터 5년 이내에 특별건축구역 지정목적에 부합하는 건축물의 착공이 이루어지지 아니하는 경우 ④ 특별건축구역 지정요건 등을 위반하였으나 시정이 불가능한 경우	
도시 · 군관리 계획의 의제	특별건축구역을 지정하거나 변경한 경우에는 「국토의 계획 및 이용에 관한 법률」 제30조에 따른 도시 · 군관리계획의 결정(용도지역 · 지구 · 구역의 지정 및 변경을 제외한다)이 있는 것으로 본다.	
관계법령의 적용배제	특별건축구역에 건축하는 건축물에 대하여는 다음의 규정을 적용하지 아니할 수 있다. ① 대지 안의 조경 ② 대지 안의 공지 ③ 건축물의 건폐율 및 용적률 ④ 건축물의 높이제한 및 일조 등의 확보를 위한 높이제한 ⑤ 「주택법」 제35조 중 대통령령으로 정하는 규정	

통합적용계획의 수립 및 시행	특별건축구역에서는 다음의 관계 법령의 규정에 대하여는 개별 건축물마다 적용하지 아니하고 특별건축구역 전부 또는 일부를 대상으로 통합하여 적용할 수 있다. ㉠「문화예술진흥법」제9조에 따른 건축물에 대한 미술작품의 설치 ㉡「주차장법」제19조에 따른 부설주차장의 설치 ㉢「도시공원 및 녹지 등에 관한 법률」에 따른 공원의 설치

77 건축법령상 특별건축구역에 관한 설명으로 옳은 것은?

① 국토교통부장관은 지방자치단체가 국제행사 등을 개최하는 지역의 사업구역을 특별건축구역으로 지정할 수 있다.

② 「도로법」에 따른 접도구역은 특별건축구역으로 지정될 수 없다.

③ 특별건축구역에서의 건축기준의 특례사항은 지방자치단체가 건축하는 건축물에는 적용되지 않는다.

④ 특별건축구역에서 「주차장법」에 따른 부설주차장의 설치에 관한 규정은 개별 건축물마다 적용하여야 한다.

⑤ 특별건축구역을 지정한 경우에는 「국토의 계획 및 이용에 관한 법률」에 따른 용도지역·지구·구역의 지정이 있는 것으로 본다.

POINT 73 건축물의 높이제한

가로구역별 최고높이제한		① 허가권자는 가로구역을 단위로 하여 대통령령으로 정하는 기준과 절차에 따라 건축물의 높이를 지정·공고할 수 있다. ② 특별시장이나 광역시장은 도시의 관리를 위하여 필요하면 가로구역별 건축물의 높이를 특별시나 광역시의 조례로 정할 수 있다.
일조 등의 확보를 위한 건축물의 높이제한	전용주거지역 및 일반주거지역 안의 건축물	전용주거지역이나 일반주거지역에서 건축물을 건축하는 경우에는 건축물의 각 부분을 정북방향으로의 인접 대지경계선으로부터 다음의 범위에서 건축조례로 정하는 거리 이상을 띄어 건축하여야 한다. ① 높이 10m 이하인 부분: 인접 대지경계선으로부터 1.5m 이상 ② 높이 10m를 초과하는 부분: 인접 대지경계선으로부터 해당 건축물의 각 부분의 높이의 2분의 1 이상
	공동주택의 높이제한 (일반상업지역과 중심상업지역에 건축하는 것을 제외함)	인접 대지경계선 등의 방향으로 채광을 위한 창문 등을 두는 경우이거나 하나의 대지에 두 동(棟) 이상을 건축하는 공동주택의 높이는 채광(採光) 등의 확보를 위하여 대통령령으로 높이 이하로 하여야 한다.
	적용의 특례	2층 이하로서 높이가 8m 이하인 건축물에 대하여는 해당 지방자치단체의 조례가 정하는 바에 의하여 일조권에 의한 높이제한을 적용하지 아니할 수 있다.

78 건축법령상 건축물의 높이제한에 관한 설명으로 틀린 것은? (단, 「건축법」 제73조에 따른 적용 특례 및 조례는 고려하지 않음)

① 전용주거지역과 일반주거지역 안에서 건축하는 건축물에 대하여는 일조의 확보를 위한 높이제한이 적용된다.

② 일반상업지역에 건축하는 공동주택으로서 하나의 대지에 두 동(棟) 이상을 건축하는 경우에는 채광의 확보를 위한 높이제한이 적용된다.

③ 2층 이하로서 높이가 8m 이하인 건축물에 대하여는 해당 지방자치단체의 조례가 정하는 바에 의하여 일조권에 의한 높이제한을 적용하지 아니할 수 있다.

④ 허가권자는 같은 가로구역에서 건축물의 용도 및 형태에 따라 건축물의 높이를 다르게 정할 수 있다.

⑤ 고도지구 안에서는 도시·군관리계획으로 정하는 높이를 초과하는 건축물을 건축할 수 없다.

| 제 5 장 | 주택법 |

POINT 74 주택의 분류

주택의 정의 (구조에 따른 분류)	"주택"이란 세대(世帶)의 구성원이 장기간 독립된 주거생활을 할 수 있는 구조로 된 건축물의 전부 또는 일부 및 그 부속토지를 말하며, 단독주택과 공동주택으로 구분
단독주택	① 단독주택 ② 다중주택 ③ 다가구주택(공관은 제외)
공동주택	① 아파트 : 주택으로 쓰이는 층수가 5개층 이상인 주택 ② 연립주택 : 주택으로 쓰이는 1개 동의 바닥면적(지하주차장 면적을 제외한다) 합계가 660m²를 초과하고, 층수가 4개층 이하인 주택 ③ 다세대주택 : 주택으로 쓰이는 1개 동의 바닥면적(지하주차장 면적을 제외한다) 합계가 660m² 이하이고, 층수가 4개층 이하인 주택(기숙사제외)

POINT 75 국민주택과 민영주택

국민주택	"국민주택"이란 다음의 어느 하나에 해당하는 주택으로서 국민주택규모 이하인 주택을 말한다. ① 국가·지방자치단체, 한국토지주택공사 또는 지방공사가 건설하는 주택 ② 국가·지방자치단체의 재정 또는 주택도시기금으로부터 자금을 지원받아 건설되거나 개량되는 주택
국민주택규모	"국민주택규모"란 주거의 용도로만 쓰이는 주거전용면적이 1호(戶) 또는 1세대당 85제곱미터 이하인 주택(「수도권을 제외한 도시지역이 아닌 읍 또는 면 지역은 1호 또는 1세대당 주거전용면적이 100제곱미터 이하인 주택을 말한다)을 말한다.
민영주택	'국민주택'을 제외한 주택

79 주택법령상 용어에 관한 설명으로 옳은 것은?

① '주택단지'에 해당하는 토지가 폭 8미터 이상인 도시계획예정도로로 분리된 경우, 분리된 토지를 각각 별개의 주택단지로 본다.

② 주택도시기금으로부터 자금을 지원받아 건설되는 1세대당 주거전용 면적 84제곱미터인 주택은 국민주택에 해당하지 않는다.

③ '공동주택'에는 「건축법 시행령」에 따른 아파트, 연립주택, 기숙사 등이 포함된다.

④ 공구란 하나의 주택단지에서 둘 이상으로 구분되는 일단의 구역으로 서 공구별 세대수는 200세대 이상으로 해야 한다.

⑤ 주택단지에 딸린 어린이놀이터, 근린생활시설, 유치원, 주민운동시설, 지역난방공급시설 등은 '부대시설'에 포함된다.

POINT 76 도시형 생활주택

정 의	'도시형 생활주택'이란 300세대 미만의 국민주택규모에 해당하는 주택으로서 「국토의 계획 및 이용에 관한 법률」에 따른 도시지역에 건설하는 다음의 주택
구 분	㉠ 소형 주택: 아파트, 연립주택, 다세대주택 중 어느 하나에 해당하는 주택으로서 다음의 요건을 모두 갖춘 주택 ⓐ 세대별 주거전용면적은 60제곱미터 이하일 것 ⓑ 세대별로 독립된 주거가 가능하도록 욕실 및 부엌을 설치할 것 ⓒ 주거전용면적이 30제곱미터 미만인 경우에는 욕실 및 보일러실을 제외한 부분을 하나의 공간으로 구성할 것 ⓓ 주거전용면적이 30제곱미터 이상인 경우에는 욕실 및 보일러실을 제외한 부분을 세 개 이하의 침실(각각의 면적이 7제곱미터 이상인 것을 말한다)과 그 밖의 공간으로 구성할 수 있으며, 침실이 두 개 이상인 세대수는 소형 주택 전체 세대수(소형 주택과 함께 건축하는 그 밖의 주택의 세대수를 포함한다)의 3분의 1(3분의 1을 초과하는 세대에 세대당 주차대수 0.7대 이상을 적용하는 경우 2분의 1)을 초과하지 않을 것 ⓔ 지하층에는 세대를 설치하지 아니할 것 ㉡ 단지형 연립주택: 소형주택이 아닌 연립주택. 다만, 「건축법」에 따라 건축위원회의 심의를 받은 경우에는 주택으로 쓰는 층수를 5개층까지 건축할 수 있다. ㉢ 단지형 다세대주택: 소형주택이 아닌 다세대주택. 다만, 「건축법」에 따라 건축위원회의 심의를 받은 경우에는 주택으로 쓰는 층수를 5개층까지 건축할 수 있다.
건축 규제	하나의 건축물에는 도시형 생활주택과 그 밖의 주택을 함께 건축할 수 없으며, 단지형 연립주택 또는 단지형 다세대주택과 소형주택을 함께 건축할 수 없다. 다만 다음의 경우는 예외로 한다. ㉠ 소형주택과 주거전용면적이 85제곱미터를 초과하는 주택 1세대를 함께 건축하는 경우 ㉡ 「국토의 계획 및 이용에 관한 법률 시행령」 제30조에 따른 준주거지역 또는 상업지역에서 소형주택과 도시형 생활주택 외의 주택을 함께 건축하는 경우

80 주택법령상 도시형 생활주택에 관한 설명으로 틀린 것은?

① 도시형 생활주택은 세대수가 300세대 미만이어야 한다.

② 「수도권정비계획법」에 따른 수도권의 경우 도시형 생활주택은 1호(戶) 또는 1세대당 주거전용면적이 85제곱미터 이하이어야 한다.

③ 「국토의 계획 및 이용에 관한 법률」에 따른 도시지역에 건설하는 세대별 주거전용 면적이 85제곱미터인 아파트는 도시형 생활주택에 해당하지 아니한다.

④ 도시형 생활주택에는 분양가상한제가 적용되지 아니한다.

⑤ 준주거지역에서 도시형 생활주택인 소형주택과 도시형 생활주택이 아닌 주택 1세대는 하나의 건축물에 함께 건축할 수 없다.

POINT 77 등록사업자

등록대상	연간 단독주택의 경우에는 20호, 공동주택의 경우에는 20세대(도시형 생활주택의 경우와 도시형 생활주택 중 소형 주택과 그 밖의 주택 1세대를 함께 건축하는 경우에는 30세대) 이상의 주택건설사업을 시행하려는 자 또는 연간 1만m² 이상의 대지조성사업을 시행하려는 자는 국토교통부장관에게 등록
등록기준	① 자본금 : 3억원(개인인 경우에는 자산평가액 6억원) 이상 ② 다음의 구분에 따른 기술인력 　㉠ 주택건설사업 : 건축 분야 기술자 1명 이상 　㉡ 대지조성사업 : 토목 분야 기술자 1명 이상 ③ 사무실면적 : 사업의 수행에 필요한 사무장비를 갖출 수 있는 면적
변경신고	등록사업자는 등록사항에 변경이 있으면 변경 사유가 발생한 날부터 30일 이내에 국토교통부장관에게 신고
결격사유	① 미성년자·피성년후견인·피한정후견인 ② 파산자로서 복권되지 아니한 자 ③ 부정수표단속법 또는 이 법을 위반하여 금고 이상의 실형의 선고를 받고 그 집행이 종료되거나 집행이 면제된 날부터 2년이 지나지 아니한 자 ④ 부정수표단속법 또는 이 법을 위반하여 금고 이상의 형의 집행유예선고를 받고 그 유예기간 중에 있는 자 ⑤ 등록이 말소된 후 2년이 지나지 아니한 자 ⑥ 법인의 임원 중 위 ① 내지 ⑤에 해당되는 자가 있는 법인
등록말소 등	국토교통부장관은 등록사업자가 다음의 어느 하나에 해당하면 그 등록을 말소하거나 1년 이내의 기간을 정하여 영업의 정지를 명할 수 있다. 다만, ① 또는 ⑤에 해당하는 경우에는 그 등록을 말소하여야 한다. ① 거짓이나 그 밖의 부정한 방법으로 등록한 경우 ② 등록기준에 미달하게 된 경우. 다만, 「채무자 회생 및 파산에 관한 법률」에 따라 법원이 회생절차개시의 결정을 하고 그 절차가 진행 중이거나 일시적으로 등록기준에 미달하는 등 대통령령으로 정하는 경우는 예외로 한다. ③ 고의 또는 과실로 공사를 잘못 시공하여 공중(公衆)에게 위해(危害)를 끼치거나 입주자에게 재산상 손해를 입힌 경우 ④ 임원의 결격사유의 어느 하나에 해당하게 된 경우. 다만, 법인의 임원 중 결격사유에 해당하는 사람이 있는 경우 6개월 이내에 그 임원을 다른 사람으로 임명한 경우에는 그러하지 아니하다. ⑤ 등록증의 대여 등을 한 경우
사업의 계속수행	등록말소 또는 영업정지 처분을 받은 등록사업자는 그 처분 전에 사업계획승인을 받은 사업은 계속 수행할 수 있다.

81 주택법령상 사업주체에 관한 설명 중 옳은 것은?

① 연간 단독주택 20호, 공동주택 20세대(도시형 생활주택의 경우와 소형주택과 그 밖의 주택 1세대를 함께 건축하는 경우에는 30세대) 이상의 주택건설사업을 시행하려는 자는 시·도지사에게 등록하여야 한다.

② 거짓이나 그 밖의 부정한 방법으로 등록한 경우에는 그 등록을 말소하여야 한다.

③ 고용자가 그 근로자의 주택을 건설하는 경우에는 대통령령으로 정하는 바에 따라 등록사업자와 공동으로 사업을 시행할 수 있다.

④ 토지소유자가 주택을 건설하는 경우에는 등록사업자와 공동으로 사업을 시행하여야 한다.

⑤ 한국토지주택공사인 사업주체가 연간 20세대 이상 공동주택의 건설사업을 시행하려는 경우에는 국토교통부장관에게 등록하여야 한다.

POINT 78 주택조합 한 눈에 정리

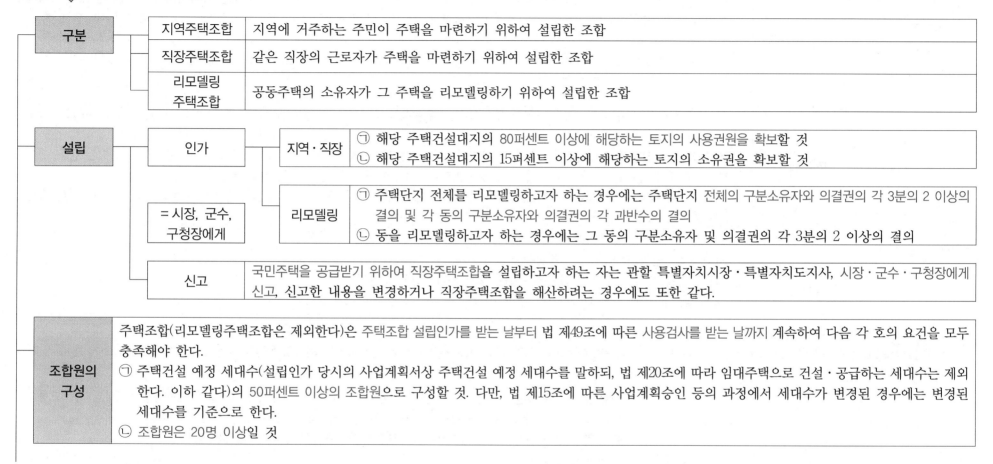

구분	지역주택조합	지역에 거주하는 주민이 주택을 마련하기 위하여 설립한 조합
	직장주택조합	같은 직장의 근로자가 주택을 마련하기 위하여 설립한 조합
	리모델링 주택조합	공동주택의 소유자가 그 주택을 리모델링하기 위하여 설립한 조합

설립

인가 / = 시장, 군수, 구청장에게

지역·직장
㉠ 해당 주택건설대지의 80퍼센트 이상에 해당하는 토지의 사용권원을 확보할 것
㉡ 해당 주택건설대지의 15퍼센트 이상에 해당하는 토지의 소유권을 확보할 것

리모델링
㉠ 주택단지 전체를 리모델링하고자 하는 경우에는 주택단지 전체의 구분소유자와 의결권의 각 3분의 2 이상의 결의 및 각 동의 구분소유자와 의결권의 각 과반수의 결의
㉡ 동을 리모델링하고자 하는 경우에는 그 동의 구분소유자 및 의결권의 각 3분의 2 이상의 결의

신고
국민주택을 공급받기 위하여 직장주택조합을 설립하고자 하는 자는 관할 특별자치시장·특별자치도지사, 시장·군수·구청장에게 신고, 신고한 내용을 변경하거나 직장주택조합을 해산하려는 경우에도 또한 같다.

조합원의 구성
주택조합(리모델링주택조합은 제외한다)은 주택조합 설립인가를 받는 날부터 법 제49조에 따른 사용검사를 받는 날까지 계속하여 다음 각 호의 요건을 모두 충족해야 한다.
㉠ 주택건설 예정 세대수(설립인가 당시의 사업계획서상 주택건설 예정 세대수를 말하되, 법 제20조에 따라 임대주택으로 건설·공급하는 세대수는 제외한다. 이하 같다)의 50퍼센트 이상의 조합원으로 구성할 것. 다만, 법 제15조에 따른 사업계획승인 등의 과정에서 세대수가 변경된 경우에는 변경된 세대수를 기준으로 한다.
㉡ 조합원은 20명 이상일 것

조합원의 자격	지역주택조합	ⓐ 조합설립인가신청일부터 당해 조합주택의 입주가능일까지 세대주를 포함한 세대원 전원이 주택을 소유하고 있지 아니한 세대의 세대 주이거나 세대주를 포함한 세대원 중 1명에 한정하여 주거전용면적 85제곱미터 이하의 주택 1채를 소유한 세대의 세대주일 것 ⓑ 조합설립인가신청일 현재 같은 지역에 6개월 이상 거주하여 온 사람일 것 ⓒ 본인 또는 본인과 같은 세대별 주민등록표에 등재되어 있지 않은 배우자가 같은 또는 다른 지역주택조합의 조합원이거나 직장 주택조합의 조합원이 아닐 것
	직장주택조합	ⓐ 위 ⓐ에 해당하는 자일 것, 다만, 국민주택을 공급받기 위한 직장주택조합의 경우에는 세대주를 포함한 세대원 전원이 주택을 소유하 고 있지 아니한 세대의 세대주로 한정한다. ⓑ 조합설립인가신청일 현재 동일한 특별시·광역시·특별자치시·특별자치도·시 또는 군(광역시의 관할구역에 있는 군을 제외 한다) 안에 소재하는 동일한 국가기관·지방자치단체·법인에 근무하는 사람일 것 ⓒ 본인 또는 본인과 같은 세대별 주민등록표에 등재되어 있지 않은 배우자가 같은 또는 다른 지역주택조합의 조합원이거나 직장 주택조합의 조합원이 아닐 것
	리모델링 주택조합	ⓐ 사업계획승인을 얻어 건설한 공동주택의 소유자 ⓑ 복리시설을 함께 리모델링하는 경우에는 당해 복리시설의 소유자 ⓒ 「건축법」 규정에 의한 건축허가를 받아 분양을 목적으로 건설한 공동주택의 소유자
조합원의 교체, 신규가입 등	원칙	지역주택조합 또는 직장주택조합은 설립인가를 받은 후에는 해당 조합원을 교체하거나 신규로 가입하게 할 수 없다.
	예외	ⓐ 조합원 수가 주택건설 예정 세대수를 초과하지 아니하는 범위에서 시장·군수·구청장으로부터 국토교통부 령으로 정하는 바에 따라 조합원 추가모집의 승인을 받은 경우 ⓑ 다음의 어느 하나에 해당하는 사유로 결원이 발생한 범위에서 충원하는 경우 ㉮ 조합원의 사망 ㉯ 조합원의 탈퇴 등으로 조합원 수가 주택건설 예정 세대수의 50퍼센트 미만이 되는 경우 ㉰ 조합원이 무자격자로 판명되어 자격을 상실하는 경우 ㉱ 사업계획승인 등의 과정에서 주택건설 예정 세대수가 변경되어 조합원수가 변경된 세대수의 50퍼센트 미만이 되는 경우
	변경	조합원 추가모집의 승인과 조합원 추가모집에 따른 주택조합의 변경인가 신청은 사업계획승인신청일까지 하여야 한다.

주택조합의 사업계획 승인신청 등	주택조합은 설립인가를 받은 날부터 2년 이내에 사업계획승인(사업계획승인 대상이 아닌 리모델링인 경우에는 리모델링허가를 말한다)을 신청
설립인가의 임의적 취소	시장·군수·구청장은 주택조합 또는 주택조합의 구성원이 다음의 어느 하나에 해당하는 경우에는 주택조합의 설립인가를 취소할 수 있다. ㉠ 거짓이나 그 밖의 부정한 방법으로 설립인가를 받은 경우 ㉡ 제94조에 따른 명령이나 처분을 위반한 경우
임원의 결격사유	㉠ 미성년자·피성년후견인 또는 피한정후견인 ㉡ 파산선고를 받은 사람으로서 복권되지 아니한 사람 ㉢ 금고 이상의 실형을 선고받고 그 집행이 종료(종료된 것으로 보는 경우를 포함한다)되거나 집행이 면제된 날부터 2년이 경과되지 아니한 사람 ㉣ 금고 이상의 형의 집행유예를 선고받고 그 유예기간 중에 있는 사람 ㉤ 금고 이상의 형의 선고유예를 받고 그 선고유예기간 중에 있는 사람 ㉥ 법원의 판결 또는 다른 법률에 따라 자격이 상실 또는 정지된 사람 ㉦ 해당 주택조합의 공동사업주체인 등록사업자 또는 업무대행사의 임직원
총회의 의결시 출석요건	총회의 의결을 하는 경우에는 조합원의 100분의 10 이상이 직접 출석하여야 한다. 다만, 창립총회 또는 국토교통부령으로 정하는 다음의 사항을 의결하는 총회의 경우에는 조합원의 100분의 20 이상이 직접 출석하여야 한다. ㉠ 조합규약의 변경 ㉡ 자금의 차입과 그 방법·이자율 및 상환방법 ㉢ 예산으로 정한 사항 외에 조합원에게 부담이 될 계약의 체결 ㉣ 시공자의 선정·변경 및 공사계약의 체결 ㉤ 조합임원의 선임 및 해임 ㉥ 사업비의 조합원별 분담 명세 ㉦ 조합해산의 결의 및 해산시의 회계 보고

조합원 모집신고 및 공개모집	① 지역주택조합 또는 직장주택조합의 설립인가를 받기 위하여 조합원을 모집하려는 자는 해당 주택건설대지의 50퍼센트 이상에 해당하는 토지의 사용권원을 확보하여 관할 시장·군수·구청장에게 신고하고, 공개모집의 방법으로 조합원을 모집하여야 한다. 조합 설립인가를 받기 전에 신고한 내용을 변경하는 경우에도 또한 같다. ② 위 ①에도 불구하고 공개모집 이후 조합원의 사망·자격상실·탈퇴 등으로 인한 결원을 충원하거나 미달된 조합원을 재모집하는 경우에는 신고하지 아니하고 선착순의 방법으로 조합원을 모집할 수 있다. ③ 주택조합의 발기인은 조합원 모집 신고를 하는 날 주택조합에 가입한 것으로 본다. 이 경우 주택조합의 발기인은 그 주택조합의 가입 신청자와 동일한 권리와 의무가 있다.
조합 가입 철회 및 가입비 등의 반환	① 모집주체는 주택조합의 가입을 신청한 자가 주택조합 가입을 신청하는 때에 납부하여야 하는 일체의 금전("가입비등")을 대통령령으로 정하는 기관("예치기관")에 예치하도록 하여야 한다. ② 주택조합의 가입을 신청한 자는 가입비 등을 예치한 날부터 30일 이내에 주택조합 가입에 관한 청약을 철회할 수 있다. ③ 청약 철회를 서면으로 하는 경우에는 청약 철회의 의사를 표시한 서면을 발송한 날에 그 효력이 발생한다. ④ 모집주체는 주택조합의 가입을 신청한 자가 청약 철회를 한 경우 청약 철회 의사가 도달한 날부터 7일 이내에 예치기관의 장에게 가입비등의 반환을 요청하여야 한다. ⑤ 예치기관의 장은 위 ④에 따른 가입비 등의 반환 요청을 받은 경우 요청일부터 10일 이내에 그 가입비등을 예치한 자에게 반환하여야 한다. ⑥ 모집주체는 주택조합의 가입을 신청한 자에게 청약 철회를 이유로 위약금 또는 손해배상을 청구할 수 없다.
주택조합의 해산 등	① 주택조합은 주택조합의 설립인가를 받은 날부터 3년이 되는 날까지 사업계획승인을 받지 못하는 경우 대통령령으로 정하는 바에 따라 총회의 의결을 거쳐 해산 여부를 결정하여야 한다. ② 주택조합의 발기인은 조합원 모집 신고가 수리된 날부터 2년이 되는 날까지 주택조합 설립인가를 받지 못하는 경우 대통령령으로 정하는 바에 따라 주택조합 가입 신청자 전원으로 구성되는 총회의결을 거쳐 주택조합 사업의 종결 여부를 결정하도록 하여야 한다.

82 주택법령상 주택조합에 관한 설명으로 옳은 것은?

① 국민주택을 공급받기 위하여 설립한 직장주택조합을 해산하려면 관할 시장·군수·구청장의 인가를 받아야 한다.

② 지역주택조합원으로 추가 모집되거나 충원되는 자가 조합원 자격 요건을 갖추었는지를 판단할 때에는 주택건설을 위한 사업계획승인 신청일을 기준으로 한다.

③ 시장·군수·구청장은 주택조합 또는 주택조합의 구성원이 거짓이나 그 밖의 부정한 방법으로 설립인가를 받은 경우에는 주택조합의 설립인가를 취소하여야 한다.

④ 지역주택조합 또는 직장주택조합은 사업계획승인을 받은 후에는 해당 조합원을 교체하거나 신규로 가입하게 할 수 없다.

⑤ 조합임원의 선임을 의결하는 총회의 경우에는 조합원의 100분의 20 이상이 직접 출석하여야 한다.

83 주택법령상 주택조합에 관한 설명으로 옳은 것은?

① 지역주택조합의 설립인가를 받기 위하여 조합원을 모집하려는 자는 해당 주택건설대지의 50퍼센트 이상에 해당하는 토지의 사용권원을 확보하여 국토교통부장관에게 신고하고 공개모집의 방법으로 조합원을 모집하여야 한다.

② 주택조합(리모델링주택조합은 제외한다)은 주택조합 설립인가를 받는 날부터 사업계획의 승인을 받는 날까지 주택건설 예정 세대수(임대주택으로 건설·공급하는 세대수는 제외한다)의 50퍼센트 이상의 조합원으로 구성하며 조합원은 20명 이상이어야 한다.

③ 주택단지 전체를 리모델링하고자 하는 경우에는 주택단지 전체의 구분소유자와 의결권의 각 3분의 2 이상의 결의 및 각 동의 구분소유자와 의결권의 각 과반수의 결의를 증명하는 서류를 첨부하여 관할 시장·군수·구청장의 인가를 받아야 한다.

④ 주택조합의 발기인은 조합원 모집 신고가 수리된 날부터 3년이 되는 날까지 주택조합 설립인가를 받지 못하는 경우 대통령령으로 정하는 바에 따라 주택조합 가입 신청자 전원으로 구성되는 총회 의결을 거쳐 주택조합 사업의 종결 여부를 결정하도록 하여야 한다.

⑤ 주택조합은 주택조합의 설립인가를 받은 날부터 5년이 되는 날까지 사업계획승인을 받지 못하는 경우 대통령령으로 정하는 바에 따라 총회의 의결을 거쳐 해산 여부를 결정하여야 한다.

84 주택법령상 주택조합에 관한 설명으로 옳은 것은?

① 사업계획승인과정 등에서 주택건설예정세대수가 변경되어 조합원 수가 변경된 세대수의 50퍼센트 미만이 되는 등의 사유로 결원이 발생한 범위에서 충원하는 경우에는 해당 조합원을 교체하거나 신규로 가입하게 할 수 있다.

② 조합원으로 추가모집되거나 충원되는 자가 조합원 자격 요건을 갖추었는지를 판단할 때에는 해당 사업계획승인신청일을 기준으로 한다.

③ 리모델링주택조합의 경우 공동주택의 소유권이 수인의 공유에 속하는 경우에는 그 수인 모두를 조합원으로 본다.

④ 지역주택조합의 설립인가 후 조합원이 사망하였더라도 조합원 수가 주택건설예정세대수의 50퍼센트 이상을 유지하고 있다면 조합원을 충원할 수 없다.

⑤ 주택조합은 설립인가를 받은 날부터 3년 이내에 사업계획승인(사업계획승인 대상이 아닌 리모델링인 경우에는 리모델링허가를 말한다)을 신청하여야 한다.

POINT 79 주택상환사채

발행자	① 한국토지주택공사 ② 등록사업자(금융기관 또는 주택도시보증공사의 보증을 받은 경우에만 발행)
발행승인	① 주택상환사채를 발행하려는 자는 국토교통부장관의 승인 ② 국토교통부장관은 주택상환사채발행계획을 승인하였을 때에는 관할하는 시·도지사에게 그 내용을 통보하여야 한다.
상환의무	주택을 건설하여 사채권자에게 상환하여야 한다.
주택상환사채의 대항력	주택상환사채는 기명증권으로 하고, 사채권자의 명의변경은 취득자의 성명과 주소를 사채원부에 기록하는 방법으로 하며, 취득자의 성명을 채권에 기록하지 아니하면 사채발행자 및 제3자에게 대항할 수 없다.
상환기간 등	주택상환사채의 상환기간은 3년을 초과할 수 없다. 이 경우 상환기간은 주택상환사채발행일부터 주택의 공급계약체결일까지의 기간으로 한다.
상법의 적용	이 법에서 규정한 것 외에는 「상법」 중 사채발행에 관한 규정
양도 및 중도 해약 금지	**원 칙**	주택상환사채는 이를 양도하거나 중도에 해약할 수 없다.
	예 외	다음의 경우에는 그러하지 아니하다. ① 세대원(세대주가 포함된 세대의 구성원을 말한다)의 근무 또는 생업상의 사정이나 질병치료·취학·결혼으로 인하여 세대원 전원이 다른 행정구역으로 이전하는 경우 ② 세대원 전원이 상속에 의하여 취득한 주택으로 이전하는 경우 ③ 세대원 전원이 해외로 이주하거나 2년 이상 해외에 체류하고자 하는 경우
사채의 효력	등록사업자의 등록이 말소된 경우에도 등록사업자가 발행한 주택상환사채의 효력에는 영향을 미치지 아니한다.

85 주택법령상 주택상환사채에 관한 설명으로 옳은 것은?

① 법인으로서 자본금이 3억원인 등록사업자는 주택상환사채를 발행할 수 있다.

② 발행 조건은 주택상환사채권에 적어야 하는 사항에 포함된다.

③ 주택상환사채를 발행하려는 자는 주택상환사채발행계획을 수립하여 시·도지사의 승인을 받아야 한다.

④ 주택상환사채는 액면으로 발행하고, 할인의 방법으로는 발행할 수 없다.

⑤ 주택상환사채는 무기명증권(無記名證券)으로 발행한다.

POINT 80 사업계획승인

승인대상	단독주택	원칙 : 30호 이상
		예외 : 50호(공공사업에 따라 조성된 용지를 개별 필지로 구분하지 아니하고 일단의 토지로 공급받아 해당 토지에 건설하는 단독주택과 한옥) 이상
	공동주택	원칙 : 30세대 이상
		예외 : 50세대 이상
		① 다음의 요건을 모두 갖춘 단지형 연립주택 또는 단지형 다세대주택
		㉠ 세대별 주거전용면적이 30제곱미터 이상일 것
		㉡ 해당 주택단지 진입도로의 폭이 6미터 이상일 것
		② 정비구역에서 주거환경개선사업을 시행하기 위하여 건설하는 공동주택
	대지조성	1만m² 이상
승인권자		① 주택건설사업 또는 대지조성사업으로서 해당 대지면적이 10만 제곱미터 이상인 경우 : 특별시장·광역시장·특별자치시장·도지사 또는 특별자치도지사("시·도지사") 또는 인구 50만 이상의 대도시의 시장
		② 주택건설사업 또는 대지조성사업으로서 해당 대지면적이 10만 제곱미터 미만인 경우 : 특별시장·광역시장·특별자치시장·특별자치도지사 또는 시장·군수
		③ 국토교통부장관이 지정·고시하는 지역에서 주택건설사업을 시행하는 경우 및 한국토지주택공사가 시행하는 경우 : 국토교통부장관
승인여부의 통보		신청을 받은 날부터 60일 이내에 사업주체에게 승인 여부를 통보하여야 한다. 이 경우 국토교통부장관은 주택건설사업계획의 승인을 한 때에는 지체 없이 관할 시·도지사에게 그 내용을 통보하여야 한다(고시하여야 함).
비승인대상 (건축허가대상)		「국토의 계획 및 이용에 관한 법률」에 따른 도시지역 중 상업지역(유통상업지역은 제외한다) 또는 준주거지역에서 300세대 미만의 주택과 주택 외의 시설을 동일 건축물로 건축하는 경우로서 해당 건축물의 연면적에 대한 주택연면적 합계의 비율이 90퍼센트 미만인 경우
대지의 소유권 확보		주택건설사업계획의 승인을 받으려는 자는 해당 주택건설대지의 소유권을 확보하여야 한다. 다만, 다음의 어느 하나에 해당하는 경우에는 그러하지 아니하다.
		① 지구단위계획의 결정이 필요한 주택건설사업의 해당 대지면적의 80퍼센트 이상을 사용할 수 있는 권원[등록사업자와 공동으로 사업을 시행하는 주택조합(리모델링주택조합은 제외한다)의 경우에는 95퍼센트 이상의 소유권을 말한다]을 확보하고, 확보하지 못한 대지가 매도청구 대상이 되는 대지에 해당하는 경우
		② 사업주체가 주택건설대지의 소유권을 확보하지 못하였으나 그 대지를 사용할 수 있는 권원을 확보한 경우
		③ 국가·지방자치단체·한국토지주택공사 또는 지방공사가 주택건설사업을 하는 경우
매도청구		사업계획승인을 받은 사업주체는 다음에 따라 해당 주택건설대지 중 사용할 수 있는 권원을 확보하지 못한 대지(건축물을 포함한다)의 소유자에게 그 대지를 시가(市價)로 매도할 것을 청구할 수 있다. 이 경우 매도청구 대상이 되는 대지의 소유자와 매도청구를 하기 전에 3개월 이상 협의.
		① 주택건설대지면적의 95퍼센트 이상의 사용권원을 확보한 경우 : 사용권원을 확보하지 못한 대지의 모든 소유자에게 매도청구 가능
		② 위 ① 외의 경우 : 사용권원을 확보하지 못한 대지의 소유자 중 지구단위계획구역 결정고시일 10년 이전에 해당 대지의 소유권을 취득하여 계속 보유하고 있는 자를 제외한 소유자에게 매도청구 가능

공사의 착수	① 사업계획승인을 받은 경우 : 승인받은 날부터 5년 이내(1년 연장가능)
	② 공구별 분할시행을 위한 승인을 받은 경우
	   ㉠ 최초로 공사를 진행하는 공구 : 승인받은 날부터 5년 이내(1년 연장가능)
	   ㉡ 최초로 공사를 진행하는 공구 외의 공구 : 해당 주택단지에 대한 최초 착공신고일부터 2년 이내
	🔒 주택건설사업을 시행하려는 자는 전체 세대수가 600세대 이상인 주택단지는 해당 주택단지를 공구별로 분할하여 주택을 건설·공급할 수 있다.
	🔒 사업계획승인을 받은 사업주체가 공사를 시작하려는 경우에는 국토교통부령으로 정하는 바에 따라 사업계획승인권자에게 신고(착공신고)하여야 한다.

사업계획승인의 취소(임의적 취소사유)	사업계획승인권자는 다음의 어느 하나에 해당하는 경우 그 사업계획의 승인을 취소(아래의 ② 또는 ③에 해당하는 경우 주택분양보증이 된 사업은 제외한다) 할 수 있다. ① 사업주체가 공사착수기간(최초로 공사를 진행하는 공구 외의 공구는 제외한다)을 위반하여 공사를 시작하지 아니한 경우 ② 사업주체가 경매·공매 등으로 인하여 대지소유권을 상실한 경우 ③ 사업주체의 부도·파산 등으로 공사의 완료가 불가능한 경우

86 주택법령상 주택건설사업계획의 승인 등에 관한 설명으로 틀린 것은? (단, 다른 법률에 따른 사업은 제외함)

① 주거전용 단독주택인 건축법령상 한옥인 경우 50호 이상의 건설사업을 시행하려는 자는 사업계획승인을 받아야 한다.

② 주택건설사업을 시행하려는 자는 전체 세대수가 600세대 이상의 주택단지를 공구별로 분할하여 주택을 건설·공급할 수 있다.

③ 사업주체는 공사의 착수기간이 연장되지 않는 한 주택건설사업계획의 승인을 받은 날부터 5년 이내에 공사를 시작하여야 한다.

④ 사업계획승인권자는 사업계획승인의 신청을 받았을 때에는 정당한 사유가 없으면 신청받은 날부터 60일 이내에 사업주체에게 승인 여부를 통보하여야 한다.

⑤ 사업계획승인의 조건으로 부과된 사항을 이행함에 따라 공사 착수가 지연되는 경우, 사업계획승인권자는 그 사유가 없어진 날부터 2년 범위에서 공사의 착수기간을 연장할 수 있다.

87 주택법령상 주택건설사업에 대한 사업계획의 승인에 관한 설명으로 틀린 것은?

① 지역주택조합은 설립인가를 받은 날부터 2년 이내에 사업계획승인을 신청하여야 한다.

② 사업주체가 승인받은 사업계획에 따라 공사를 시작하려는 경우 사업계획승인권자에게 신고하여야 한다.

③ 사업계획승인권자는 사업주체가 경매로 인하여 대지소유권을 상실한 경우에는 그 사업계획의 승인을 취소하여야 한다.

④ 사업주체가 주택건설대지를 사용할 수 있는 권원을 확보한 경우에는 그 대지의 소유권을 확보하지 못한 경우에도 사업계획의 승인을 받을 수 있다.

⑤ 한국토지주택공사는 동일한 규모의 주택을 대량으로 건설하려는 경우에는 국토교통부장관에게 주택의 형별(型別)로 표본설계도서를 작성·제출하여 승인을 받을 수 있다.

88 주택법령상 사업계획승인을 받은 사업주체에게 인정되는 매도청구권에 관한 설명으로 옳은 것은?

① 주택건설대지에 사용권원을 확보하지 못한 건축물이 있는 경우 그 건축물은 매도청구의 대상이 되지 않는다.

② 사업주체는 매도청구일 전 60일부터 매도청구 대상이 되는 대지의 소유자와 협의를 진행하여야 한다.

③ 사업주체가 주택건설대지면적 중 90퍼센트에 대하여 사용권원을 확보한 경우, 사용권원을 확보하지 못한 대지의 모든 소유자에게 매도청구를 할 수 있다.

④ 사업주체가 주택건설대지면적 중 80퍼센트에 대하여 사용권원을 확보한 경우, 사용권원을 확보하지 못한 대지의 소유자 중 지구단위계획구역 결정고시일 10년 이전에 해당 대지의 소유권을 취득하여 계속 보유하고 있는 자에 대하여는 매도청구를 할 수 없다.

⑤ 리모델링의 허가를 신청하기 위한 동의율을 확보한 경우 리모델링 결의를 한 리모델링주택조합은 그 리모델링 결의에 찬성하지 아니하는 자의 주택 및 토지에 대하여 매도청구를 할 수 없다.

89 주택법령상 주택의 사용검사 등에 관한 설명으로 틀린 것은?

① 주택건설 사업계획승인의 조건이 이행되지 않은 경우에는 공사가 완료된 주택에 대하여 동별로 사용검사를 받을 수 없다.

② 사업주체가 파산하여 주택건설사업을 계속할 수 없고 시공보증자도 없는 경우 입주예정자대표회의가 시공자를 정하여 잔여공사를 시공하고 사용검사를 받아야 한다.

③ 주택건설사업을 공구별로 분할하여 시행하는 내용으로 사업계획의 승인을 받은 경우 완공된 주택에 대하여 공구별로 사용검사를 받을 수 있다.

④ 사용검사는 그 신청일부터 15일 이내에 하여야 한다.

⑤ 공동주택이 동별로 공사가 완료되고 임시사용승인신청이 있는 경우 대상 주택이 사업계획의 내용에 적합하고 사용에 지장이 없는 때에는 세대별로 임시사용승인을 할 수 있다.

POINT 81 분양가상한제 적용주택

분양가상한제적용대상		① 공공택지 ② 공공택지 외의 택지로서 다음 각 목의 어느 하나에 해당하는 지역 　㉮ 「공공주택 특별법」에 따른 도심 공공주택 복합지구 　㉯ 「도시재생 활성화 및 지원에 관한 특별법」에 따른 주거재생혁신지구 　㉰ 주택가격 상승 우려가 있어 제58조에 따라 국토교통부장관이 「주거기본법」 제8조에 따른 주거정책심의위원회(이하 "주거정책심의위원회" 　　라 한다)의 심의를 거쳐 지정하는 지역(분양가상한제적용지역)
분양가상한제 적용제외대상		① 도시형 생활주택　　② 경제자유구역에서 건설·공급하는 공동주택 ③ 관광특구에서 건설·공급하는 공동주택으로서 해당 건축물의 층수가 50층 이상이거나 높이가 150미터 이상인 경우
분양가격구성		분양가상한제 적용주택의 분양가격은 택지비와 건축비로 구성되며, 구체적인 명세, 산정방식, 감정평가기관 선정방법 등은 국토교통부령으로 정한다.
분양가격의 공시제도		사업주체는 분양가상한제 적용주택으로서 공공택지에서 공급하는 주택에 대하여 입주자모집 승인을 받았을 때에는 입주자 모집공고에 다음 각 호에 대하여 분양가격을 공시하여야 한다. ① 택지비　　② 직접공사비　　③ 간접공사비　　④ 설계비　　⑤ 감리비　　⑥ 부대비
분양가심사위원회의 운영		시장·군수·구청장은 사업계획승인 신청이 있는 날부터 20일 이내에 분양가심사위원회를 설치·운영하여야 한다.
분양가상한제 적용지역	지정권자	국토교통부장관이 지정
	지정대상	㉠ 분양가상한제 적용 지역으로 지정하는 날이 속하는 달의 바로 전달("분양가상한제적용직전월")부터 소급하여 12개월간의 아파트 분양가격상승률이 물가상승률(해당 지역이 포함된 시·도 소비자물가상승률을 말한다)의 2배를 초과한 지역. 이 경우 해당 지역의 아파트 분양가격상승률을 산정할 수 없는 경우에는 해당 지역이 포함된 특별시·광역시·특별자치시·특별자치도 또는 시·군의 아파트 분양가격상승률을 적용한다. ㉡ 분양가상한제적용직전월부터 소급하여 3개월간의 주택매매거래량이 전년 동기 대비 20퍼센트 이상 증가한 지역 ㉢ 분양가상한제적용직전월부터 소급하여 주택공급이 있었던 2개월 동안 해당 지역에서 공급되는 주택의 월평균 청약경쟁률이 모두 5대 1을 초과하였거나 해당 지역에서 공급되는 국민주택규모 주택의 월평균 청약경쟁률이 모두 10대 1을 초과한 지역
	지정절차	① 국토교통부장관이 분양가상한제 적용 지역을 지정하는 경우에는 미리 시·도지사의 의견을 들어야 한다. ② 국토교통부장관은 분양가상한제 적용지역을 지정하였을 때에는 지체 없이 이를 공고하고, 그 지정 지역을 관할하는 시장·군수·구 청장에게 공고 내용을 통보하여야 한다.

90 주택법령상 주택의 공급에 관한 설명으로 옳은 것은?

① 한국토지주택공사가 총지분의 100분의 70을 출자한 부동산투자회사가 사업주체로서 입주자를 모집하려는 경우에는 시장·군수·구청장의 승인을 받아야 한다.

② 「관광진흥법」에 따라 지정된 관광특구에서 건설·공급하는 층수가 51층이고 높이가 140m인 아파트는 분양가상한제의 적용대상이다.

③ 시·도지사는 주택 가격상승률이 물가상승률보다 현저히 높은 지역으로서 주택가격의 급등이 우려되는 지역에 대해서 분양가상한제 적용지역으로 지정할 수 있다.

④ 주택의 사용검사 후 주택단지 내 일부의 토지의 소유권을 회복한 자에게 주택소유자들이 매도청구를 하려면 해당 토지의 면적이 주택단지 전체 대지면적의 5퍼센트 미만이어야 한다.

⑤ 사업주체가 투기과열지구에서 건설·공급하는 주택의 입주자로 선정된 지위는 매매하거나 상속할 수 없다.

POINT 82 투기과열지구

지정권자	국토교통부장관 또는 시·도지사는 주거정책심의위원회의 심의를 거쳐 일정한 지역을 투기과열지구로 지정하거나 이를 해제할 수 있다.
지정대상	① 투기과열지구로 지정하는 날이 속하는 달의 바로 전달("투기과열지구지정직전월")부터 소급하여 주택공급이 있었던 2개월 동안 해당 지역에서 공급되는 주택의 월별 평균 청약경쟁률이 모두 5대 1을 초과했거나 국민주택규모 주택의 월별 평균 청약경쟁률이 모두 10대 1을 초과한 곳 ② 다음 각 목에 해당하는 곳으로서 주택공급이 위축될 우려가 있는 곳 ㉮ 투기과열지구지정직전월의 주택분양실적이 전달보다 30퍼센트 이상 감소한 곳 ㉯ 사업계획승인 건수나 「건축법」에 따른 건축허가 건수(투기과열지구지정직전월부터 소급하여 6개월간의 건수를 말한다)가 직전 연도보다 급격하게 감소한 곳 ③ 신도시 개발이나 주택 전매행위의 성행 등으로 투기 및 주거불안의 우려가 있는 곳으로서 다음 각 목에 해당하는 곳 ㉮ 해당 지역이 속하는 시·도의 주택보급률이 전국 평균 이하인 곳 ㉯ 해당 지역이 속하는 시·도의 자가주택비율이 전국 평균 이하인 곳 ㉰ 해당 지역의 분양주택(투기과열지구로 지정하는 날이 속하는 연도의 직전 연도에 분양된 주택을 말한다)의 수가 법 제56조제1항에 따른 입주자저축에 가입한 사람으로서 국토교통부령으로 정하는 사람의 수보다 현저히 적은 곳
지정절차	㉠ 국토교통부장관이 투기과열지구를 지정하거나 해제할 경우에는 시·도지사의 의견을 들어야 하며, 시·도지사가 투기과열지구를 지정하거나 해제할 경우에는 국토교통부장관과 협의하여야 한다. ㉡ 국토교통부장관은 반기마다 주거정책심의위원회의 회의를 소집하여 투기과열지구로 지정된 지역별로 해당 지역의 주택가격 안정 여건의 변화 등을 고려하여 투기과열지구 지정의 유지 여부를 재검토하여야 한다.
지정의 해제 및 해제요청	① 지정의 해제: 국토교통부장관 또는 시·도지사는 투기과열지구에서 지정 사유가 없어졌다고 인정하는 경우에는 지체 없이 투기과열지구 지정을 해제하여야 한다. ② 해제의 요청: 투기과열지구로 지정된 지역의 시·도지사 또는 시장·군수·구청장은 투기과열지구 지정 후 해당 지역의 주택가격이 안정되는 등 지정 사유가 없어졌다고 인정되는 경우에는 국토교통부장관 또는 시·도지사에게 투기과열지구 지정의 해제를 요청할 수 있다.
전매제한 기간	투기과열지구에서 건설·공급되는 주택: 해당 주택의 입주자로 선정된 날부터 다음 각 목의 구분에 따른 기간동안 전매행위가 제한된다. ㉠ 수도권: 3년 ㉡ 수도권 외의 지역: 1년

91　주택법령상 투기과열지구 및 조정대상지역에 관한 설명으로 옳은 것은?

① 국토교통부장관은 시·도별 주택보급률 또는 자가주택비율이 전국 평균을 초과하는 지역을 투기과열지구로 지정할 수 있다.

② 시·도지사는 주택의 분양·매매 등 거래가 위축될 우려가 있는 지역을 시·도주거정책심의위원회의 심의를 거쳐 조정대상지역으로 지정할 수 있다.

③ 투기과열지구의 지정기간은 3년으로 하되, 당해 지역 시장·군수·구청장의 의견을 들어 연장할 수 있다.

④ 투기과열지구로 지정되면 지구 내 기존 주택은 전매행위가 제한된다.

⑤ 조정대상지역으로 지정된 지역의 시장·군수·구청장은 조정대상지역으로 유지할 필요가 없다고 판단되는 경우 국토교통부장관에게 그 지정의 해제를 요청할 수 있다.

POINT 83 전매제한의 예외 등

전매제한의 예외사유	주택을 공급받은 자의 생업상의 사정 등으로 전매가 불가피하다고 인정되는 경우로서 다음의 어느 하나에 해당하여 사업주체(분양가상한제 적용주택 및 그 주택의 입주자로 선정된 지위 및 공공택지 외의 택지에서 건설·공급되는 주택 또는 그 주택의 입주자로 선정된 지위에 해당하는 주택의 경우에는 한국토지주택공사를 말하되, 사업주체가 지방공사인 경우에는 지방공사를 말한다)의 동의를 받은 경우에는 전매제한을 적용하지 아니한다. ① 세대원(세대주가 포함된 세대의 구성원을 말한다)이 근무 또는 생업상의 사정이나 질병치료·취학·결혼으로 인하여 세대원 전원이 다른 광역시, 특별자치시, 특별자치도, 시 또는 군(광역시의 관할구역에 있는 군은 제외한다)으로 이전하는 경우. 다만, 수도권으로 이전하는 경우는 제외한다. ② 상속에 따라 취득한 주택으로 세대원 전원이 이전하는 경우 ③ 세대원 전원이 해외로 이주하거나 2년 이상의 기간 동안 해외에 체류하려는 경우 ④ 이혼으로 인하여 입주자로 선정된 지위 또는 주택을 배우자에게 이전하는 경우 ⑤ 공익사업의 시행으로 주거용 건축물을 제공한 자가 사업시행자로부터 이주대책용 주택을 공급받은 경우(사업시행자의 알선으로 공급받은 경우를 포함한다)로서 시장·군수·구청장이 확인하는 경우 ⑥ 법 제64조 제1항 제2호 및 제3호에 해당하는 주택의 소유자가 국가·지방자치단체 및 금융기관에 대한 채무를 이행하지 못하여 경매 또는 공매가 시행되는 경우 ⑦ 입주자로 선정된 지위 또는 주택의 일부를 배우자에게 증여하는 경우 ⑧ 실직·파산 또는 신용불량으로 경제적 어려움이 발생한 경우
한국토지주택공사 등의 우선 매입	분양가상한제 적용주택 및 그 주택의 입주자로 선정된 지위 및 공공택지 외의 택지에서 건설·공급되는 주택 또는 그 주택의 입주자로 선정된 지위에 해당하는 주택을 공급받은 자가 전매하는 경우에는 한국토지주택공사(사업주체가 지방공사인 경우에는 지방공사를 말한다)가 그 주택을 우선 매입할 수 있다.
위반행위시의 조치 (사업주체의 환매)	전매제한을 위반하여 주택의 입주자로 선정된 지위의 전매가 이루어진 경우, 사업주체가 이미 납부된 입주금에 대하여 매입비용을 그 매수인에게 지급한 경우에는 그 지급한 날에 사업주체가 해당 입주자로 선정된 지위를 취득한 것으로 본다.
부기등기의무	사업주체가 분양가상한제 적용주택 또는 공공택지 외의 택지에서 건설·공급되는 주택을 공급하는 경우에는 주택의 소유권보존등기와 동시에 그 주택의 소유권을 제3자에게 이전할 수 없음을 소유권에 관한 등기에 부기등기하여야 한다.
행정형벌	입주자로 선정된 지위나 분양가상한제 적용주택을 전매하거나 이의 전매를 알선한 자는 3년 이하의 징역 또는 3천만원 이하의 벌금에 처한다. 다만, 전매제한에 위반한 행위를 한 자로서 그 위반행위로 얻은 이익의 3배에 해당하는 금액이 3천만원을 초과하는 자는 3년 이하의 징역 또는 그 이익의 3배에 해당하는 금액 이하의 벌금에 처한다.

92 주택법령상 주택의 전매행위 제한 등에 관한 설명으로 옳은 것은?

① 제한되는 전매에는 매매·증여·상속이나 그 밖에 권리의 변동을 수
반하는 모든 행위가 포함된다.

② 수도권의 지역으로서 공공택지 외의 택지에서 건설·공급되는 주택
의 소유자가 국가에 대한 채무를 이행하지 못하여 공매가 시행되는
경우에는 사업주체의 동의없이도 전매를 할 수 있다.

③ 상속에 의하여 취득한 주택으로 세대원 일부가 이전하는 경우 전매
제한의 대상이 되는 주택이라도 전매할 수 있다.

④ 사업주체가 전매행위가 제한되는 분양가상한제 적용주택을 공급하
는 경우 그 주택의 소유권을 제3자에게 이전할 수 없음을 소유권에
관한 등기에 부기등기하여야 한다.

⑤ 전매행위 제한을 위반하여 주택의 입주자로 선정된 지위의 전매가
이루어진 경우 사업주체가 전매대금을 지급하고 해당 입주자로 선정
된 지위를 매입하여야 한다.

POINT 84 공급질서의 교란금지

금지행위 (공급질서 교란행위)		누구든지 이 법에 따라 건설·공급되는 주택을 공급받거나 공급받게 하기 위하여 다음의 어느 하나에 해당하는 증서 또는 지위를 양도·양수(매매·증여나 그 밖에 권리 변동을 수반하는 모든 행위를 포함하되, 상속·저당의 경우는 제외한다) 또는 이를 알선하거나 양도·양수 또는 이를 알선할 목적으로 하는 광고를 하여서는 아니 된다. ① 주택조합원의 지위　　② 입주자저축 증서　　③ 주택상환사채 ④ 그 밖에 주택을 공급받을 수 있는 증서 또는 지위로서 대통령령으로 정하는 다음의 것 　㉠ 시장·군수·구청장이 발행한 무허가건물확인서·건물철거예정증명서 또는 건물철거확인서 　㉡ 공공사업의 시행으로 인한 이주대책에 의하여 주택을 공급받을 수 있는 지위 또는 이주대책대상자확인서
위반에 대한 조치	주택공급신청의 무효 및 공급계약 취소	국토교통부장관 또는 사업주체는 다음의 어느 하나에 해당하는 자에 대하여는 그 주택 공급을 신청할 수 있는 지위를 무효로 하거나 이미 체결된 주택의 공급계약을 취소할 수 있다. ① 금지행위를 위반하여 증서 또는 지위를 양도하거나 양수한 자 ② 금지행위를 위반하여 거짓이나 그 밖의 부정한 방법으로 증서나 지위 또는 주택을 공급받은 자
	위반자에 대한 주택의 환매	사업주체가 금지행위를 위반한 자에게 대통령령으로 정하는 바에 따라 산정한 주택가격에 해당하는 금액을 지급한 경우에는 그 지급한 날에 그 주택을 취득한 것으로 본다.
	퇴거명령	사업주체가 매수인에게 주택가격을 지급하거나, 매수인을 알 수 없어 주택가격의 수령 통지를 할 수 없는 경우로서 주택가격을 그 주택이 있는 지역을 관할하는 법원에 공탁한 경우에는 그 주택에 입주한 자에 대하여 기간을 정하여 퇴거를 명할 수 있다.
	입주자자격제한	국토교통부장관은 금지행위를 위반한 자에 대하여 위반한 행위를 적발한 날부터 10년 이내의 범위에서 국토교통부령으로 정하는 기간 동안 주택의 입주자자격을 제한할 수 있다. ① 공공주택지구의 주택(민영주택은 제외한다) : 10년 ② 투기과열지구의 주택 : 5년 ③ 위 ① 및 ② 외의 지역의 주택 : 3년
	행정형벌	3년 이하의 징역 또는 3천만원 이하의 벌금, 다만 공급질서 교란금지를 위반한 자로서 그 위반행위로 얻은 이익의 3배에 해당하는 금액이 3천만원을 초과하는 자는 3년 이하의 징역 또는 그 이익의 3배에 해당하는 금액 이하의 벌금에 처한다.

93 주택법령상 주택의 공급질서 교란행위에 해당하지 않는 것은?

① 주택상환사채의 증여
② 입주자저축증서의 매매 알선
③ 도시개발채권의 양도
④ 시장이 발행한 무허가건물확인서를 매매할 목적으로 하는 광고
⑤ 공공사업의 시행으로 인한 이주대책에 의하여 주택을 공급받을 수 있는 지위의 매매

POINT 85 리모델링

리모델링의 정의	① 대수선
	② 사용검사일 또는 사용승인일부터 15년이 경과된 공동주택을 각 세대의 주거전용면적의 30퍼센트 이내(세대의 주거전용면적이 85제곱미터 미만인 경우에는 40퍼센트 이내)에서 증축하는 행위
	③ 각 세대의 증축 가능 면적을 합산한 면적의 범위에서 기존 세대수의 15퍼센트 이내에서 세대수를 증가하는 증축 행위("세대수 증가형 리모델링"). 다만, 수직으로 증축하는 행위("수직증축형 리모델링")는 다음 요건을 모두 충족하는 경우로 한정한다.
	  ⊙ 기존 건축물의 층수가 15층 이상인 경우: 3개층
	  ⓛ 기존 건축물의 층수가 14층 이하인 경우: 2개층
	  ⓒ 수직증축형 리모델링의 대상이 되는 기존 건축물의 신축 당시 구조도를 보유하고 있을 것

리모델링기본계획	① 특별시장·광역시장 및 대도시의 시장은 리모델링 기본계획을 10년 단위로 수립하여야 하며, 5년마다 리모델링 기본계획의 타당성 여부를 검토하여 반영 ② 리모델링 기본계획을 수립하거나 변경하려면 14일 이상 주민에게 공람하고, 지방의회의 의견을 들어야 한다(30일 이내에 의견을 제시)
리모델링허가기준	① 입주자·사용자 또는 관리주체의 경우: 입주자 전체의 동의 ② 리모델링주택조합의 경우: 주택단지 전체 구분소유자 및 의결권의 각 75퍼센트 이상의 동의와 각 동별 구분소유자 및 의결권의 각 50퍼센트 이상의 동의를 받아야 하며, 동을 리모델링하는 경우에는 그 동의 구분소유자 및 의결권의 각 75퍼센트 이상의 동의 ③ 입주자대표회의 경우: 주택단지의 소유자 전원의 동의
리모델링주택조합 설립시 필요한 동의 요건	① 주택단지 전체를 리모델링하고자 하는 경우에는 주택단지 전체의 구분소유자와 의결권의 각 3분의 2 이상의 결의 및 각 동의 구분소유자와 의결권의 각 과반수의 결의 ② 동을 리모델링하고자 하는 경우에는 그 동의 구분소유자 및 의결권의 각 3분의 2 이상의 결의
동의의 철회	리모델링에 동의한 소유자는 리모델링주택조합 또는 입주자대표회의가 시장·군수·구청장에게 허가신청서를 제출하기 전까지 서면으로 동의를 철회할 수 있다.
시공자 선정방법	리모델링을 하는 경우 설립인가를 받은 리모델링주택조합의 총회 또는 소유자 전원의 동의를 받은 입주자대표회의에서 건설업자 또는 건설업자로 보는 등록사업자를 경쟁입찰의 방법으로 시공자로 선정하여야 한다(예외 있음).

94 **주택법령상 공동주택의 리모델링에 관한 설명으로 틀린 것은?** (단, 조례는 고려하지 않음)

① 입주자대표회의가 리모델링하려는 경우에는 리모델링설계개요, 공사비, 소유자의 비용분담 명세가 적혀 있는 결의서에 주택단지 소유자 전원의 동의를 받아야 한다.

② 공동주택의 입주자가 리모델링하려고 하는 경우에는 시장·군수·구청장의 허가를 받아야 한다.

③ 사업비에 관한 사항은 세대수가 증가되는 리모델링을 하는 경우 수립하여야 하는 권리변동계획에 포함되지 않는다.

④ 증축형 리모델링을 하려는 자는 시장·군수·구청장에게 안전진단을 요청하여야 한다.

⑤ 수직증축형 리모델링의 대상이 되는 기존 건축물의 층수가 12층인 경우에는 2개층까지 증축할 수 있다.

| 제 6 장 | 농지법 |

POINT 86 용어 정의

농 지	① '농지'란 전·답, 과수원, 그 밖에 법적 지목(地目)을 불문하고 실제로 농작물 경작지 또는 다음에 해당하는 다년생식물 재배지로 이용되는 토지를 말한다. 　ㄱ 목초·종묘·인삼·약초·잔디 및 조림용 묘목　　ㄴ 과수·뽕나무·유실수 그 밖의 생육기간이 2년 이상인 식물 　ㄷ 조경 또는 관상용 수목과 그 묘목(조경목적으로 식재한 것을 제외한다) ② 농지의 개량시설과 농지에 설치하는 농축산물 생산시설(고정식온실·버섯재배사 및 비닐하우스와 그 부속시설과 축사와 곤충사육사와 농림축산식품부령으로 정하는 그 부속시설 및 농막·간이저온저장고·간이퇴비장 또는 간이액비저장조)의 부지
농지에서 제외되는 토지	① 「공간정보의 구축 및 관리에 관한 법률」에 따른 지목이 전·답, 과수원이 아닌 토지로서 농작물 경작지 또는 다년생식물 재배지로 계속하여 이용되는 기간이 3년 미만인 토지 ② 「공간정보의 구축 및 관리에 관한 법률」에 따른 지목이 임야인 토지로서 「산지관리법」에 따른 산지전용허가를 거치지 아니하고 농작물의 경작 또는 다년생식물의 재배에 이용되는 토지 ③ 「초지법」에 따라 조성된 초지
농업인	① 1천m² 이상의 농지에서 농작물 또는 다년생식물을 경작 또는 재배하거나 1년 중 90일 이상 농업에 종사하는 자 ② 농지에 330m² 이상의 고정식온실·버섯재배사·비닐하우스, 그 밖의 농림축산식품부령으로 정하는 농업생산에 필요한 시설을 설치하여 농작물 또는 다년생식물을 경작 또는 재배하는 자 ③ 대가축 2두, 중가축 10두, 소가축 100두, 가금(집에서 기르는 날짐승) 1천수 또는 꿀벌 10군 이상을 사육하거나 1년 중 120일 이상 축산업에 종사하는 자 ④ 농업경영을 통한 농산물의 연간 판매액이 120만원 이상인 자
농지의 위탁경영	'위탁경영'이란 농지 소유자가 타인에게 일정한 보수를 지급하기로 약정하고 농작업의 전부 또는 일부를 위탁하여 행하는 농업경영
농업법인	'농업법인'이란 영농조합법인과　업무집행권을 가진 자 중 3분의 1 이상이 농업인인 농업회사법인을 말한다.

95 농지법령상 용어에 관한 설명으로 틀린 것은?

① 1,500m²의 농지에서 농작물을 경작하면서 1년 중 60일을 농업에 종사하는 개인은 '농업인'에 해당한다.

② 「공간정보의 구축 및 관리 등에 관한 법률」에 따른 지목이 답(畓)이고 농작물 경작지로 실제로 이용되는 토지의 개량시설에 해당하는 양·배수시설의 부지는 농지에 해당한다.

③ 가금(家禽: 집에서 기르는 날짐승) 500수를 사육하는 농지에 500m²의 고정식온실·버섯재배사·비닐하우스 등의 시설을 설치하여 농작물 또는 다년생식물을 경작 또는 재배하는 자는 농업인에 해당한다.

④ 「공간정보의 구축 및 관리 등에 관한 법률」에 따른 지목이 전·답, 과수원이 아닌 토지(지목이 임야인 토지는 제외한다)로서 농작물 경작지 또는 다년생식물 재배지로 계속하여 이용되는 기간이 3년 미만인 토지도 농지에 해당한다.

⑤ 농지에 설치하는 농막·간이저온저장고·간이퇴비장의 부지도 농지에 해당한다.

POINT 87 농지취득자격증명제도

발급권자	농지를 취득하려는 자는 농지 소재지를 관할하는 시장(구를 두지 아니한 시의 시장을 말하며, 도농 복합 형태의 시는 농지 소재지가 동지역인 경우만을 말한다), 구청장(도농 복합 형태의 시의 구에서는 농지 소재지가 동지역인 경우만을 말한다), 읍장 또는 면장(이하 "시·구·읍·면의 장"이라 한다)에게서 농지취득자격증명을 발급받아야 한다.
발급면제	다음의 어느 하나에 해당하면 농지취득자격증명을 발급받지 아니하고 농지를 취득할 수 있다. ㉠ 국가나 지방자치단체가 농지를 소유하는 경우　　　㉡ 상속[상속인에게 한 유증(遺贈)을 포함한다]으로 농지를 취득하여 소유하는 경우 ㉢ 담보농지를 취득하여 소유하는 경우　　　㉣ 농지전용협의를 마친 농지를 소유하는 경우 ㉤ 한국농어촌공사가 농지를 취득하여 소유하는 경우　　　㉥ 매립농지를 취득하여 소유하는 경우 ㉦ 토지수용으로 농지를 취득하여 소유하는 경우　　　㉧ 농업법인의 합병으로 농지를 취득하는 경우 ㉨ 공유 농지의 분할이나 그 밖에 대통령령으로 정하는 다음의 원인으로 농지를 취득하는 경우　　㉩ 시효의 완성으로 농지를 취득하는 경우
농업경영 계획서의 작성의무	농지취득자격증명을 발급받으려는 자는 다음 각 호의 사항이 모두 포함된 농업경영계획서 또는 주말·체험영농계획서를 작성하고 농림축산식품부령으로 정하는 서류를 첨부하여 농지 소재지를 관할하는 시·구·읍·면의 장에게 발급신청을 하여야 한다. ① 취득 대상 농지의 면적(공유로 취득하려는 경우 공유 지분의 비율 및 각자가 취득하려는 농지의 위치도 함께 표시한다) ② 취득 대상 농지에서 농업경영을 하는 데에 필요한 노동력 및 농업 기계·장비·시설의 확보 방안 ③ 소유 농지의 이용 실태(농지 소유자에게만 해당한다) ④ 농지취득자격증명을 발급받으려는 자의 직업·영농경력·영농거리 🔒 시·구·읍·면의 장은 제8조제2항에 따라 제출되는 농업경영계획서를 10년간 보존하여야 한다.
농업경영 계획서의 작성면제	다음의 경우에는 농업경영계획서를 작성하지 아니하고 농지취득자격증명의 발급을 신청할 수 있다. ㉠ 「초·중등교육법」 및 「고등교육법」에 따른 학교, 농림축산식품부령으로 정하는 공공단체·농업연구기관·농업생산자단체 또는 종묘나 그 밖의 농업 기자재 생산자가 그 목적사업을 수행하기 위하여 필요한 시험지·연구지·실습지·종묘생산지 또는 과수 인공수분용 꽃가루 생산지로 쓰기 위하여 농림축산식품부령으로 정하는 바에 따라 농지를 취득하여 소유하는 경우 ㉡ 농지전용허가[다른 법률에 따라 농지전용허가가 의제(擬制)되는 인가·허가·승인 등을 포함한다]를 받거나 농지전용신고를 한 자가 그 농지를 소유하는 경우 ㉢ 농지의 개발사업지구에 있는 농지로서 대통령령으로 정하는 1천500제곱미터 미만의 농지나 「농어촌정비법」 제98조제3항에 따른 농지를 취득하여 소유하는 경우 ㉣ 제28조에 따른 농업진흥지역 밖의 농지 중 최상단부부터 최하단부까지의 평균경사율이 15퍼센트 이상인 농지로서 대통령령으로 정하는 농지를 소유하는 경우
농지위원회 심의	시·구·읍·면의 장은 농지 투기가 성행하거나 성행할 우려가 있는 지역의 농지를 취득하려는 자 등 농림축산식품부령으로 정하는 자가 농지취득자격증명 발급을 신청한 경우 제44조에 따른 농지위원회의 심의를 거쳐야 한다.
발급기한	시·구·읍·면의 장은 농지취득자격증명의 발급 신청을 받은 때에는 그 신청을 받은 날부터 7일(농업경영계획서를 작성하지 아니하고 농지취득자격증명의 발급 신청을 할 수 있는 경우에는 4일, 농지위원회의 심의 대상의 경우에는 14일) 이내에 신청인에게 농지취득자격증명을 발급

96 농지법령상 농지취득자격증명을 발급받지 아니하고 농지를 취득할 수 있는 경우에 해당하지 않는 것은?

① 농업법인의 합병으로 농지를 취득하는 경우

② 농지를 농업인 주택의 부지로 전용하려고 농지전용신고를 한 자가 그 농지를 취득하는 경우

③ 공유농지의 분할로 농지를 취득하는 경우

④ 상속으로 농지를 취득하는 경우

⑤ 시효의 완성으로 농지를 취득하는 경우

POINT 88 농지의 처분의무·이행강제금 등

농지의 처분의무	농지 소유자는 다음의 어느 하나에 해당하게 되면 그 사유가 발생한 날부터 1년 이내에 해당 농지를 처분하여야 한다. ① 소유 농지를 자연재해·농지개량·질병 등 대통령령으로 정하는 정당한 사유 없이 자기의 농업경영에 이용하지 아니하거나 이용하지 아니하게 되었다고 시장·군수 또는 구청장이 인정한 경우 ② 농지를 소유하고 있는 농업회사법인이 설립요건에 적합하지 아니하게 된 후 3개월이 지난 경우 ③ 학교, 공공단체 등으로서 농지를 취득한 자가 그 농지를 해당 목적사업에 이용하지 아니하게 되었다고 시장·군수 또는 구청장이 인정한 경우 ④ 주말·체험영농을 하고자 농업진흥지역 외의 농지를 취득한 자가 자연재해·농지개량·질병 등 대통령령으로 정하는 정당한 사유 없이 그 농지를 주말·체험영농에 이용하지 아니하게 되었다고 시장·군수 또는 구청장이 인정한 경우 ⑤ 농지전용허가를 받거나 신고를 하여 농지를 취득한 자가 취득한 날부터 2년 이내에 그 목적사업에 착수하지 아니한 경우(이 경우는 농지전용허가의 취소사유이기도 하다) ⑥ 농림축산식품부장관과의 협의를 마치지 아니하고 농지를 소유한 경우 ⑦ 제6조 제2항 제10호 바목에 따라 소유한 농지를 한국농어촌공사에 지체 없이 위탁하지 아니한 경우 ⑧ 농지 소유 상한을 초과하여 농지를 소유한 것이 판명된 경우 ⑨ 자연재해·농지개량·질병 등 대통령령으로 정하는 정당한 사유 없이 농업경영계획서 내용을 이행하지 아니하였다고 시장·군수 또는 구청장이 인정한 경우
농지의 처분명령 등	시장(구를 두지 아니한 시의 시장을 말한다)·군수 또는 구청장은 다음의 어느 하나에 해당하는 농지소유자에게 6개월 이내에 그 농지를 처분할 것을 명할 수 있다. ㉠ 거짓이나 그 밖의 부정한 방법으로 농지취득자격증명을 발급받아 농지를 소유한 것으로 시장·군수 또는 구청장이 인정한 경우 ㉡ 처분의무 기간에 처분 대상 농지를 처분하지 아니한 경우 ㉢ 농업법인이 「농어업경영체 육성 및 지원에 관한 법률」 제19조의5를 위반하여 부동산업을 영위한 것으로 시장·군수 또는 구청장이 인정한 경우
농지의 매수청구	농지 소유자는 처분명령을 받으면 한국농어촌공사에 그 농지의 매수를 청구할 수 있다(공시지가를 기준으로 매입).

이행강제금의 부과	부과사유 및 금액	시장·군수 또는 구청장은 다음 각 호의 어느 하나에 해당하는 자에게 감정평가법인등이 감정평가한 감정가격 또는 개별공시지가(해당 토지의 개별공시지가가 없는 경우에는 같은 법 제8조에 따른 표준지공시지가를 기준으로 산정한 금액을 말한다) 중 더 높은 가액의 100분의 25에 해당하는 이행강제금을 부과한다. ㉠ 처분명령을 받은 후 매수를 청구하여 협의 중인 경우 등 대통령령으로 정하는 정당한 사유 없이 지정기간까지 그 처분명령을 이행하지 아니한 자 ㉡ 원상회복 명령을 받은 후 그 기간 내에 원상회복 명령을 이행하지 아니하여 시장·군수·구청장이 그 원상회복 명령의 이행에 필요한 상당한 기간을 정하였음에도 그 기한까지 원상회복을 아니한 자
	반복부과	처분명령을 한 날을 기준으로 하여 그 처분명령이 이행될 때까지 이행강제금을 매년 1회 부과·징수할 수 있다.
	부과중지	시장·군수 또는 구청장은 처분명령을 받은 자가 처분명령을 이행하면 새로운 이행강제금의 부과는 즉시 중지하되, 이미 부과된 이행강제금은 징수하여야 한다.
	강제징수	이행강제금을 납부기한까지 내지 아니하면 「지방행정제재·부과금의 징수 등에 관한 법률」에 따라 징수한다.

97 농지법령상 농업경영에 이용하지 아니하는 농지의 처분의무에 관한 설명으로 옳은 것은?

① 농지 소유자가 선거에 따른 공직취임으로 휴경하는 경우에는 소유농지를 자기의 농업경영에 이용하지 아니하더라도 농지처분의무가 면제된다.

② 농지 소유상한을 초과하여 소유한 것이 판명된 경우에는 소유농지 전부를 처분하여야 한다.

③ 농지처분의무기간은 처분사유가 발생한 날부터 6개월이다.

④ 농지전용신고를 하고 그 농지를 취득한 자가 질병으로 인하여 취득한 날부터 2년이 초과하도록 그 목적사업에 착수하지 아니한 경우에는 농지처분의무가 면제된다.

⑤ 농지 소유자가 시장·군수 또는 구청장으로부터 농지처분명령을 받은 경우 한국토지주택공사에 그 농지의 매수를 청구할 수 있다.

POINT 89 농지의 위탁경영 · 임대차 및 대리경작

농지의 위탁경영		농지 소유자는 다음의 어느 하나에 해당하는 경우 외에는 소유 농지를 위탁경영할 수 없다. ① 「병역법」에 의하여 징집 또는 소집된 경우　　② 3개월 이상의 국외 여행 중인 경우　　③ 농업법인이 청산 중인 경우 ④ 질병, 취학, 선거에 따른 공직 취임, 그 밖에 대통령령으로 정하는 다음의 사유로 자경할 수 없는 경우 　㉠ 부상으로 3월 이상의 치료가 필요한 경우　　㉡ 교도소 · 구치소 또는 보호감호시설에 수용 중인 경우
농지의 임대차	임대차사유	다음에 해당하는 경우를 제외하고는 농지를 임대하거나 무상사용할 수 없다. ㉠ 국가나 지방자치단체가 농지를 소유하는 경우 ㉡ 상속(상속인에게 한 유증을 포함함)에 의하여 농지를 취득하여 소유하는 경우 ㉢ 8년 이상 농업경영을 하던 자가 이농하는 경우 이농 당시 소유하고 있던 농지를 계속 소유하는 경우 ㉣ 담보농지를 취득하여 소유하는 경우 ㉤ 농지전용협의를 마친 농지를 소유하는 경우 ㉥ 농지전용허가를 받거나 농지전용신고를 한 자가 당해 농지를 소유하는 경우 ㉦ 질병, 징집, 취학, 선거에 따른 공직취임, 그 밖에 대통령령으로 정하는 다음의 어느 하나에 해당하는 부득이한 사유로 인하여 일시적으로 농업경영에 종사하지 아니하게 된 자가 소유하고 있는 농지를 임대하거나 무상사용하는 경우 　ⓐ 부상으로 3월 이상의 치료가 필요한 경우 　ⓑ 교도소 · 구치소 또는 보호감호시설에 수용 중인 경우 　ⓒ 3월 이상 국외여행을 하는 경우 　ⓓ 농업법인이 청산 중인 경우 ㉧ 60세 이상이 되어 더 이상 농업경영에 종사하지 아니하게 된 자로서 대통령령으로 정하는 자가 소유하고 있는 농지 중에서 자기의 농업경영에 이용한 기간이 5년이 넘은 농지를 임대하거나 무상사용하게 하는 경우 ㉨ 소유하고 있는 농지를 주말 · 체험영농을 하려는 자에게 임대하거나 무상사용하게 하는 경우 또는 주말 · 체험영농을 하려는 자에게 임대하는 것을 업(業)으로 하는 자에게 임대하거나 무상사용하게 하는 경우
	서면계약의 원칙	임대차계약과 사용대차계약은 서면계약을 원칙으로 한다.
	임대차 기간 등	① 임대차 기간은 3년 이상으로 하여야 한다. 다만, 다년생식물 재배지 등 대통령령으로 정하는 다음의 농지의 경우에는 5년 이상으로 하여야 한다. 　㉠ 농지의 임차인이 다년생식물의 재배지로 이용하는 농지 　㉡ 농지의 임차인이 농작물의 재배시설로서 고정식온실 또는 비닐하우스를 설치한 농지 임대차 기간을 정하지 아니하거나 위 ①에 따른 기간 미만으로 정한 경우에는 위 ①에 따른 기간으로 약정된 것으로 본다. ② 위 ①에도 불구하고 임대인은 질병, 징집 등 대통령령으로 정하는 다음의 불가피한 사유가 있는 경우에는 임대차 기간을 3년 미만으로 정할 수 있다. 이 경우 임차인은 3년 미만으로 정한 기간이 유효함을 주장할 수 있다. 　㉠ 질병, 징집, 취학의 경우 　㉡ 선거에 의한 공직(公職)에 취임하는 경우 　㉢ 부상으로 3개월 이상의 치료가 필요한 경우

		ㄹ 교도소·구치소 또는 보호감호시설에 수용 중인 경우 ㅁ 농업법인이 청산 중인 경우 ㅂ 농지전용허가(다른 법률에 따라 농지전용허가가 의제되는 인가·허가·승인 등을 포함한다)를 받았거나 농지전용신고를 하였으나 농지전용목적사업에 착수하지 않은 경우
	임대인의 지위승계	임대 농지의 양수인(讓受人)은 이 법에 따른 임대인의 지위를 승계한 것으로 본다.
	국·공유농지의 임대차에 대한 특례	국유재산과 공유재산인 농지에 대하여는 임대차 또는 사용대차계약의 방법, 묵시의 갱신 및 임대인의 지위승계의 규정은 이를 적용하지 아니한다.
대리경작자의 지정요건		① 원칙: 시장·군수 또는 구청장은 농업인 또는 농업법인으로서 대리경작을 하려는 자 중에서 지정하여야 한다. ② 예외: 대리경작자를 지정하기가 곤란한 경우에는 농업생산자단체·학교나 그 밖의 해당 농지를 경작하려는 자를 대리경작자로 지정할 수 있다.
대리경작자의 지정 예고 및 이의신청		대리경작자의 지정예고에 대하여 이의가 있는 농지의 소유권 또는 임차권을 가진 자는 지정예고를 받은 날부터 10일 이내에 시장·군수 또는 구청장에게 이의를 신청할 수 있다.
대리경작 기간		대리경작기간은 따로 정하지 아니하면 3년으로 한다.
대리경작자의 의무		대리경작자는 대리경작농지에서 경작한 농작물의 수확량의 100분의 10을 수확일부터 2월 이내에 그 농지의 소유권자나 임차권자에게 토지사용료로 지급하여야 한다. 이 경우 수령을 거부하거나 지급이 곤란한 경우에는 토지사용료를 공탁할 수 있다.

98 농지법령상 농지의 임대차 등에 관한 설명으로 틀린 것은? (단, 농업경영을 하려는 자에게 임대하는 경우이며, 국유농지와 공유농지가 아님을 전제로 함)

① 소유하고 있는 농지를 주말·체험영농을 하려는 자에게 임대하는 것을 업(業)으로 하는 자에게 임대하거나 무상사용할 수 없다.

② 임대차(농업경영을 하려는 자에게 임대하는 경우만을 말한다) 계약과 무상사용(농업경영을 하려는 자에게 무상사용하는 경우만을 말한다) 계약은 서면계약을 원칙으로 한다.

③ 임대차 기간은 3년 이상으로 하여야 한다. 다만, 농지의 임차인이 농작물의 재배시설로서 고정식온실 또는 비닐하우스를 설치한 농지의 경우에는 5년 이상으로 하여야 한다.

④ 임대 농지의 양수인(讓受人)은 이 법에 따른 임대인의 지위를 승계한 것으로 본다.

⑤ 임대차계약은 그 등기가 없는 경우에도 임차인이 농지소재지를 관할하는 시·구·읍·면의 장의 확인을 받고, 해당 농지를 인도(引渡)받은 경우에는 그 다음 날부터 제삼자에 대하여 효력이 생긴다.

99 농지법령상 조문의 일부이다. 다음 ( )에 들어갈 숫자를 옳게 연결한 것은?

> ㄱ 유휴농지의 대리경작자는 수확량의 100분의 (ㄱ)을 농림축산식품부령으로 정하는 바에 따라 그 농지의 소유권자나 임차권자에게 토지사용료를 지급하여야 한다.
> ㄴ 농업진흥지역 밖의 농지를 농지전용허가를 받지 아니하고 전용한 자는 3년 이하의 징역 또는 해당 토지가액의 100분의 (ㄴ)에 해당하는 금액 이하의 벌금에 처한다.
> ㄷ 군수는 처분명령을 받은 후 정당한 사유 없이 지정기간까지 그 처분명령을 이행하지 아니한 자에게 감정평가법인등이 감정평가한 감정가격 또는 개별공시지가 중 더 높은 가액의 100분의 (ㄷ)에 해당하는 이행강제금을 부과한다.

① ㄱ 10, ㄴ 20, ㄷ 50

② ㄱ 10, ㄴ 50, ㄷ 25

③ ㄱ 20, ㄴ 10, ㄷ 50

④ ㄱ 20, ㄴ 50, ㄷ 10

⑤ ㄱ 50, ㄴ 10, ㄷ 25

POINT 90 농업진흥지역

지정권자	① 시·도지사는 농지를 효율적으로 이용·보전하기 위하여 농업진흥지역을 지정한다. ② 시·도지사는 시·도 농업·농촌및식품산업정책심의회의 심의를 거쳐 농림축산식품부장관의 승인을 받아 농업진흥지역을 지정한다.
구분	① 농업진흥구역 : 농업의 진흥을 도모하여야 하는 다음에 해당하는 지역으로서 농림축산식품부장관이 정하는 규모로 농지가 집단화되어 농업목적으로 이용하는 것이 필요한 지역을 그 대상으로 한다. 　㉠ 농지조성사업 또는 농업기반정비사업이 시행되었거나 시행 중인 지역으로서 농업용으로 이용하고 있거나 이용할 토지가 집단화되어 있는 토지 　㉡ 이외의 지역으로서 농업용으로 이용하고 있는 토지가 집단화되어 있는 지역 ② 농업보호구역 : 농업진흥구역의 용수원 확보, 수질보전 등 농업환경을 보호하기 위하여 필요한 지역
지정대상	농업진흥지역의 지정은 「국토의 계획 및 이용에 관한 법률」에 의한 녹지지역·관리지역·농림지역 및 자연환경보전지역을 대상으로 한다. 다만, 특별시의 녹지지역을 제외한다.
용도구역 안에서의 행위제한	**농업진흥구역 안에서의 행위제한** 농업진흥구역 안에서는 다음과 같은 농업생산 또는 농지개량과 직접 관련되지 아니한 토지이용행위를 할 수 없다. **농업보호구역 안에서의 행위제한** 농업보호구역 안에서는 다음 사항 외의 토지이용행위를 할 수 없다. ① 농업진흥구역 안에서 허용되는 토지이용행위 ② 농업인의 소득증대를 위하여 필요한 시설로서 대통령령이 정하는 다음의 건축물·공작물 그 밖의 시설의 설치 　㉠ 「농어촌정비법」에 따른 관광농원사업으로 설치하는 시설로서 농업보호구역 안의 부지 면적이 2만제곱미터 미만인 것 　㉡ 「농어촌정비법」에 따른 주말농원사업으로 설치하는 시설로서 농업보호구역 안의 부지 면적이 3천제곱미터 미만인 것 　㉢ 태양에너지 발전설비로서 농업보호구역 안의 부지 면적이 1만제곱미터 미만인 것 ③ 농업인의 생활여건 개선을 위하여 필요한 시설로서 대통령령이 정하는 건축물·공작물 그 밖의 시설의 설치
농지의 매수청구	농업진흥지역의 농지를 소유하고 있는 농업인 또는 농업법인은 한국농어촌공사에 그 농지의 매수를 청구할 수 있다(감정평가한 가격으로 매수가능).

100 농지법령에 대한 다음 설명으로 틀린 것은?

① 「산지관리법」에 따른 산지전용허가를 받지 아니하고 불법으로 개간한 농지를 산림으로 복구하는 경우는 농지전용허가의 대상이 아니다.

② 농지전용신고를 하고 농지를 전용하려는 자는 농지의 보전·관리 및 조성을 위한 부담금(이하 '농지보전부담금'이라 한다)을 농지관리기금을 운용·관리하는 자(농림축산식품부장관)에게 내야 한다.

③ 농림축산식품부장관은 농지보전부담금을 내야 하는 자가 납부기한까지 부담금을 내지 아니한 경우에는 납부기한이 지난 날부터 체납된 농지보전부담금의 100분의 3에 상당하는 금액을 가산금으로 부과한다.

④ 농지 소유 제한이나 농지 소유 상한을 위반하여 농지를 소유할 목적으로 거짓이나 그 밖의 부정한 방법으로 제8조제1항에 따른 농지취득자격증명을 발급받은 자는 5년 이하의 징역 또는 해당 토지의 개별공시지가에 따른 토지가액에 해당하는 금액 이하의 벌금에 처한다.

⑤ 농지전용허가를 받은 자가 관계 공사의 중지명령을 위반한 경우에는 허가를 취소하거나 조업의 정지를 명할 수 있다.

정 답

1	2	3	4	5	6	7	8	9	10
⑤	②	④	②	①	④	④	⑤	④	④
11	12	13	14	15	16	17	18	19	20
③	②	①	②	②	②	③	④	②	③
21	22	23	24	25	26	27	28	29	30
④	①	④	④	⑤	③	②	②	④	③
31	32	33	34	35	36	37	38	39	40
④	③	⑤	②	②	②	②	③	③	①
41	42	43	44	45	46	47	48	49	50
③	③	⑤	④	③	⑤	②	②	③	②
51	52	53	54	55	56	57	58	59	60
④	④	①	③	⑤	⑤	③	①	⑤	④
61	62	63	64	65	66	67	68	69	70
⑤	④	⑤	⑤	②	②	②	⑤	④	⑤
71	72	73	74	75	76	77	78	79	80
②	②	②	④	②	①	②	②	①	⑤
81	82	83	84	85	86	87	88	89	90
②	⑤	③	①	②	⑤	③	④	①	④
91	92	93	94	95	96	97	98	99	100
⑤	④	③	③	④	②	①	①	②	⑤

2023 박문각 공인중개사

이석규 최종요약서 (2차) 부동산공법

초판인쇄 | 2023. 8. 5. **초판발행** | 2023. 8. 10. **편저** | 이석규 편저
발행인 | 박 용 **발행처** | (주)박문각출판 **등록** | 2015년 4월 29일 제2015-000104호
주소 | 06654 서울시 서초구 효령로 283 서경빌딩 4층 **팩스** | (02)584-2927
전화 | 교재 주문 (02)6466-7202, 동영상문의 (02)6466-7201

저자와의
협의하에
인지생략

정가 16,000원
ISBN 979-11-6987-464-9